관계우선의
법칙

세기를 아우르는 마케팅 전략 바이블

관계우선의 법칙

빌 비숍 지음 | **김승욱** 옮김

애플씨드북스

죽다 살다

2009년

중국 북경에서 세미나를 진행했다. 교포 CEO들과 조선 동포 사업가, 전문가 그룹 등 50여 명이 참석했다. 금요일 3시간, 토요일 8시간, 총 11시간 '성과를 향한 셀프 리더십' 과정이다.

첫날 강의를 마치고 짐정리를 하는 중에 한 분이 다가와 내 트렁크를 뺏는다.

"제가 도와드리겠습니다. 호텔까지 모셔다드리겠습니다."

너무 고맙다는 말을 건네며 호텔에 도착해 인사를 하려는데, 극구 호텔방까지 짐을 옮겨주겠다고 고집했다. 어버버하는 사이 호텔방까지 따라 들어왔다. 너무 감사하다고 악수를 하는데 잡은 손을 놓지 않는다. 그러더니 간절한 눈빛으로 말한다.

"대표님, 차 한잔하고 가면 안 되겠습니까?"

순간 직감했다. 뭔가 할 말이 있고, 절박한 문제가 있음을. 차를 마시며 명함을 화투장 깔 듯 5개를 내놓는다. '허걱! 회사가 다섯 개면 그룹 회장님?' 속으로 생각했다. 잠시 어색한 침묵이 흘렀다. 내가 먼저 말을 꺼냈다.

"사장님! 다섯 개나 되는 회사를 경영하시느라 얼마나 힘드셨습니까?"

그 한마디에 사장님은 눈물을 쏟으며 꺼이꺼이 짐승처럼 울기 시작했다. 이 난감한 상황이 낯설지 않은 이유가 있다.

2004년

전 직장 계열사 CEO, 외국계 보험사 탑 세일즈맨으로 수억대 연봉을 받으며 승승장구 하다가 시작한 첫 사업에서 극심한 어려움을 겪었다. 이 아이템 안 되면 저 아이템 해야지라는 마음으로 문어발식 확장을 했던 것이다. 불안한 마음과 욕심이 결합된 초짜 사장의 전형적인 모습이다. 교육사업, 암 환자 대상 키토산 제품 수입, 눈 영양제 수입, 미국 나노기술 적용한 기능성 음료 공장, 천연 살충제, 소독제 등 대 여섯 가지 아이템을 동시에 진행했다.

결국 10억 원쯤 잃었다. 수 년째 집에 생활비는 고사하고 공장 사무실 임대비, 직원들 급여 주기도 힘든 상황에 몰렸다. 온몸에 문신한 조폭들의 채권 회수 협박과 소송에도 시달렸다. 새벽부터 밤 늦게까지 한눈 한 번 팔지 않고 정말 열심히, 성실히, 정직하게 살았는데…. 결과의 비참함보다도 구겨진 자존심에 초점 잃은 눈으로 도로를 배회하며 죽을 차를 고르고 다녔다.

그 무렵 멘토 한 분이 나를 불러 위로하며 선물로 준 책이 바로 이 책이다. 이 책《관계우선의 법칙》을 읽고 결심했다. 다시 살기로 …!

"그까짓 10억, 등록금 낼게!"

2004년+2009년 오버랩

2009년과 2004년이 묘하게 닮아 있다. 북경에서 만난 그 사장님을 지금도 기억한다. "사장님, 5개 회사 중에 제일 똘망똘망한 한 놈만 남기고 나머지 회사는 정리하시죠"라고 코칭하고《관계우선의 법칙》책을 선물했다. 나의 멘토님 흉내 내며.

이후 20여 번 메일이 왔다.

"《관계우선의 법칙》20번째 읽었습니다. 이 책 덕분에 망하기 직전에 회사가 살아났고 지금은 승승장구하고 있습니다. 이 책과 대표님은 제 생명의 은인이십니다."

이후 《관계우선의 법칙》 열렬한 홍보대사가 됐지만 책이 절판되는 바람에 중고 책이 7만 원, 8만 원, 심지어 12만 원에도 구할 수가 없어 애를 태우던 차에 다시 살려내게 되어 너무 기쁘고 감사하다.

죽었던 책이 살아났다.

2050년

《관계우선의 법칙》은 시간이 흐를수록 더 큰 진가를 발휘할 것이다. 원칙, 진리, 고전처럼. 저자 빌 비숍은 이미 15년간 1,800개 기업을 불황에서 탈출시킨 실제 컨설팅 사례를 공개한 것이다. 한국에서도 이 책의 도움으로 업종과 규모에 관계없이 기적 같은 성공 사례가 쏟아져 나왔고 지금도 현재 진행형이다.

필자가 경영하는 3P자기경영연구소도 "고객의 유형이 다르면 모두 별도의 사업"이라는 저자의 말에 '돌 깨는' 소리가 났다. 바인더(제품우선) 초점을 유형별 고객의 성공(관계우선)으로 바꿨다. 지금은 성인 셀프리더십, 대학생, 중고생, 초등학생 과정, 코치, 리더, 마스터 과정 등으로 세분화해서 진행하며, 매년 150%씩 성장했다. 사무실 보증금이 없어 대출로 어렵게 다시 시작했지만 지금은 사옥 건물도 구입했고 약 30만 명에게 강의를 하게 되었다.

관계우선 법칙을 적용해 사심 없이 시작했던 독서 시민운동 〈독서포럼나비〉도 국내 500여 개가 운영되고 있다. 장차 대한민국에 10만 개, 아시아와 전 세계 100만 개의 나비를 만드는 꿈을 꾸고 있다.

모두 저자 빌 비숍 덕분이다. 이 책이 생명의 은인이다. 나를 살려냈다.

이제 당신 자신을 살려내시라.

그리고

다른 사람의 은인이 되시라.

독서혁명가
독서포럼나비 회장
3P자기경영연구소 대표

강규형

성공하는 전략적 기업으로 거듭나기

어린 시절을 보낸 오두막에서 나는 사업 경영에 관한 중요한 교훈을 얻었다. 집 근처 호수에서 돈을 받고 사람들을 배로 실어 나르는 사업을 하던 론과 밀턴의 경쟁을 지켜본 덕분이다. 배를 타고 호수를 건널 일이 있으면, 사람들은 론이나 밀턴, 두 사람 중 한 사람을 불렀다. 누구를 부르든 상관없었다. 두 사람 다 작고 낡은 배를 갖고 있었으니까.

나무로 된 론의 배에서는 역한 기름 냄새가 심하게 났고, 좌석은 찢어져 있었다. 엔진에서는 세탁기에 자동차 부품을 넣고 돌리는 것처럼 시끄러운 소리가 났다. 곰팡이가 피어 있는 배 바닥에서는 물이 스며들어왔다. 배를 탄 손님은 처음부터 끝까지 구명조끼를 입고 앉아 살아서 호수를 건널 수 있게 해달라고 기도를 드렸다.

밀턴의 배도 비슷했다. 좌석은 쿠션이 전혀 없어 딱딱했고, 짐을 놓을 자리도 많지 않았다. 그리고 손님이 어느 자리에 앉든, 배가 엔진소리를 내며 물살을 헤치고 나아갈 때마다 물벼락을 뒤집어쓰는 것을 피할 수 없었다.

모두들 론과 밀턴이 갖고 있는 한심한 배에 대해 불평을 늘어놓았다. 그러나 그 동네에서 사람들이 탈 수 있는 배는 두 사람의 배 뿐이었다. 겉으로 보기에는 그들이 서로 경쟁에서 이기기 위해 서비스를 개선하려는 기미가 전혀 없었다. 마치 두 사람이 그 호수의 보트 사업을 과점하고 있는 것과 같은 상황이었다. 그러나 그것은 잘못된 생각이었다. 두 사람의 보트 사업에 변화가 일어나고 있었던 것이다. 정말 커다란 변화였다.

론은 하루도 쉬지 않고 일했다. 그의 작은 배 역시 한시도 쉬지 않고 움직였다. 그 배 바깥쪽에 달린 모터는 한계에 도달할 때까지 억지로 움직일 것을 강요당하는 노새 같았다. 그것은 모터에 가해지는 가혹행위였다. 반면 밀턴은 일주일에 이틀을 쉬었다. 그 덕분에 론은 월요일과 화요일에 혼자서 손님들을 맞으며 즐거워했다.

이처럼 밀턴이 이틀을 쉬는 데는 비밀스러운 이유가 있었다. 쉬는 날을 이용해서 더 좋은 배를 만드는 것이었다. 그는 3년 동안 매주 월요일과 화요일에 새 배를 만드는 데 시간을 쏟았다. 그 배는 고객들의 욕구를 충족시켜줄 수 있도록 설계되었다. 짐을 놓을 수 있는 선반을 설치했고, 편안하고 좋은 좌석을 만들었다. 모터도 배 안에 설치할 수 있는 조용한 것으로 선택했다. 또 새 배는 옛날 것

관계우선의 법칙

보다 더 커서 손님을 10명까지 태울 수 있었고 속도도 빨라서 다섯 배나 빨리 호수를 건널 수 있었다. 그리고 밀턴은 마지막으로 주스와 가벼운 음료가 가득 찬 냉장고를 배 안에 설치했다.

밀턴이 새 배로 사업을 시작하자 일대 파란이 일어났다. 모두들 밀턴의 배를 좋아했다. 물론 론은 예외였다. 몇 주 되지 않아 론은 파리를 날리는 신세가 되었다. 밀턴의 배를 타고 우아하게 여행할 수 있는데 굳이 목숨을 걸고 론의 배를 타려는 사람은 없었다. 얼마 지나지 않아 빈털터리가 되어버린 론은 동네 철물점에 일자리를 얻었다.

론과 밀턴을 지켜보며 내가 얻은 전략적 교훈은 무엇인가? 그것은 정기적으로 일을 쉬면서 더 좋은 사업을 위한 계획을 짜고 그 계획을 실행에 옮기는 것이 중요하다는 것이다. 그러면 지금 당장은 돈을 조금 덜 벌겠지만 장기적으로는 훨씬 더 많은 돈을 벌어들일 수 있다. 론처럼 하루도 쉬지 않고 일하면서 똑같은 품질의 상품을 하염없이 판매할 수도 있고, 밀턴처럼 잠시 일을 쉬면서 더 나은 전략, 더 나은 시스템, 더 나은 능력을 개발할 수도 있다. 두 사람을 지켜보면서 나는, 작고 기울어지는 사업체를 아무런 변화 없이 경영하는 방법도 있고, 더 좋은 사업을 구축하기 위해 시간을 쏟는 방법도 있다는 것을 배웠다. 그리고 그것이 바로 내가 이 책을 쓴 중요한 이유다. 나는 여러분이 더 좋은 사업을 구축하기 위해 계획을 짜고 그 계획을 실행에 옮기는 것을 돕고 싶어서 이 책을 썼다.

오래전에 배운 이 교훈 덕분에 나는 새로운 탐색의 길에 발을 들여놓게 되었다. 지난 15년 동안 크고 작은 기업들을 세심하게 관찰한 결과, 나는 기업의 성공과 실패를 결정하는 요인들에 매혹되었다. 나는 기업가들이 잠시 일을 멈추고 더 좋은 사업을 구축하기 위해 계획을 짜는 시간을 갖지 않기 때문에 기업이 성장하지 못하거나 심지어 파산하는 경우가 매우 많다는 것을 알게 되었다. 이런 기업의 소유주들은 당장 눈앞에 있는 돈을 벌어들이는 데에만 몰두한 나머지 미래를 보지 못하게 된다. 장기적인 전망을 갖고 있지 않기 때문에 결코 성장하지 못하는 것이다. 이런 기업은 결코 더 커지지도, 더 나아지지도 못한다.

그와는 반대로 끊임없이 성장하는 기업도 많이 발견했다. 이런 기업들이 성공을 거두는 것은 그 소유주가 계획과 행동 사이의 균형을 알고 있기 때문이다. 이들은 가치 있는 상품을 소비자들에게 제공하는 일뿐만 아니라, 새로운 가치를 가진 상품을 만들어내는 데에도 시간을 투자한다. 항상 더 큰 배를 만드는 작업을 하고 있는 셈이다. 이들은 확실한 전략을 개발하고 새로운 시스템을 상세하게 설계한다. 이들은 행동을 취하기 전에 언제나 심사숙고 한다. 이러

관계우선의 법칙

한 기업을 나는 '전략적 기업strategic enterprise'이라고 부른다.

내가 이 책을 쓴 또 하나의 이유는 변화 속도가 빨라지고, 경쟁이 심해지고, 즉각적 커뮤니케이션이 가능해진 요즘 세상에서 성공하는 데 도움이 되는 새로운 전략과 시스템을 설명하는 것이다. 낡은 전략과 시스템은 심지어 앞에 이야기한 밀턴에게도 효과를 발휘하지 못했다. 그는 론을 이겨 호수의 배 사업을 독점했지만, 결국은 자기 자신도 더 이상 사업을 계속할 수 없는 지경에 빠지고 말았다. 수많은 변화와 점점 심해지는 경쟁을 따라갈 수 없었기 때문이다. 이제 그 호수에서는 수십 개 기업이 배로 승객을 실어 나르는 사업을 하고 있고, 배를 만드는 기술도 엄청나게 발전했다. 요즘 호수를 왕복하는 최신식 배들에 비하면 밀턴이 집에서 직접 만든 배는 좀 이상해 보인다.

더 좋은 상품을 만들어내는 데 초점을 맞춘 밀턴의 방법은 오늘날 별로 효과를 발휘하지 못할 것이다. 이제는 어떤 사업이든 더 좋은 상품이나 서비스를 제공하는 것만으로는 성공하기 어렵다. 오늘날의 시장에서 기업은 제품이나 서비스 중심이 아니라 특정 고객 유형을 중심으로 구축되어야 한다. 이 책의 제1장에서 관계우선의 법칙을 설명한 것은 이 때문이다. 성공을 위한 이 새로운 법칙은 내가 론이나 밀턴의 배를 타고 다니던 시절에 비해 거의 알아볼 수 없을 만큼 변해버린 요즘 세상에서 성공하는 방법을 찾는 데 도움이 될 것이다.

전략적 기업으로 가는 길

차차 알게 되겠지만, 이 책의 목적은 이미 시대에 뒤떨어진 제품 우선의 법칙에 기반을 둔 기업이 관계우선의 법칙에 기반을 둔 기업으로 변화할 수 있도록 돕는 것이다. 개인이 자기 집 지하실에서 혼자 운영하는 기업인지, 아니면 다국적 기업인지는 중요하지 않다. 기업 규모, 사업 종류, 구조 등과는 상관없이 똑같이 적용되는 원칙과 모델, 전략, 시스템을 제안하고자 한다.

변화 속도가 빨라지고, 경쟁이 심해지고, 즉각적인 커뮤니케이션이 가능해진 세상에서 성공하는 기업으로 변화하는 데 도움이 되기 위해서 나는 이 책을 단계별로 구성했다.

이 책에 제시된 정보는 내가 경영하는 비숍 인포메이션 그룹이 전 세계의 기업과 단체들에 컨설팅을 해줄 때와 똑같은 방법과 순서에 따라 정리되어 있다. 여기에 소개된 모든 모델, 전략, 시스템들은 지금까지 수백 곳이나 되는 우리 고객사들이 시험해서 성공을 거둔 것이다. 다시 말해서 효과가 입증되었다는 뜻이다. 이 책의 각 장은 다음 내용을 다루고 있다.

제1장 관계우선의 법칙

이 장에서는 변화 속도가 빨라지고, 경쟁이 심해지고, 즉각적인 커뮤니케이션이 가능해진 시대에 낡은 사업방식이 효과를 발휘하지 못하는 이유를 설명할 것이다. 제품에 초점을 맞추는 사업 모델(제품우선의 법칙)을 설명하고, 그 모델 대신 새로운 사업모델(관계우선의 법칙)로 바꿔야 하는 이유를 보여줄 것이다. 21세기 사회에서 성공할 수 있게 도와줄 새로운 법칙이다.

제2장 세계적 현실

'전략적 기업'이 되기 전에 여러분은 먼저 현실과 마주서야 한다. 기본적인 현실을 무시하거나 도망칠 수는 없다. 그런 현실이 금세 바뀌지 않으리라는 것을 받아들여야 한다. 그리고 현실로 인해 고통을 받는 대신 번영을 누릴 수 있도록 기업을 변화시켜야 한다.

제3장 성장을 가로막는 요인

제품우선의 법칙에 집착하는 기업들은 결국 잠재력을 모두 소진하게 될 것이다. 그래서 그들은 성장과 진보를 멈추고, 이른바 '실적의 정체상태'에 도달한다. 이 장에서는 기업이 이러한 정체상태에 빠지게 되는 8가지 중요한 원인(제한요인)을 살펴볼 것이다.

제4장 가장 중요한 전략

기업을 전략적 기업으로 변모시키기 위해서는 많은 근본적인 변화가 필요하다. 새로운 모델, 새로운 전략, 새로운 시스템을 채택해야 할 것이다. 나는 이것을 가장 중요한 전략이라고 부른다. 이 장은 이 전략들을 자세하게 다루고 있다.

제5장 전략적 기업 모델

이 장에서 나는 전략적 기업에 대해 설명할 것이다. 전략적 기업이란 변화속도가 점점 빨라지고, 경쟁이 심해지고, 즉각적인 커뮤니케이션이 가능한 시대에 번영을 누릴 수 있는 이상적인 기업이다.

제6장 전략적 기업 시나리오

전략적 기업 모델을 적용하는 데 도움이 되도록, 전략적 기업의 가상적인 예 6개를 제시했다.

전략적 기업으로 가는 12단계

결론이라고 할 수 있는 이 장에서는 기업을 전략적 기업으로 변모시키기 위해 따라야 하는 과정을 단계별로 설명했다.

각각의 단계를 자세하게 설명한 후, 필요한 전략적 결정을 내리는 데 도움이 될 일련의 도구들과 훈련 방법들을 제시할 것이다.

나는 많은 기업인들이 산업시대적인 제품우선의 사고방식을 버리지 못할 것이라고 생각한다. 물론 기업인들의 이러한 저항이 독자 여러분에게는 커다란 이익이 된다. 전략적 기업의 원칙을 가장 먼저 따르는 기업인들은 새로운 세대에 남들보다 훨씬 더 앞서 나아갈 수 있을 것이다. 이제 준비가 됐다면, 먼저 이 책의 제1장 '관계우선의 법칙'을 읽으면서 여러분의 기업을 전략적 기업으로 변화시키는 과정을 시작하기 바란다.

chapter 01

관계우선의 법칙

chapter 02

세계적 현실

chapter 03

성장을 가로막는 요인

chapter 04

가장 중요한 전략

chapter 05

전략적 기업 모델

chapter 06

전략적 기업 시나리오

chapter 07

전략적 기업으로 가는 12단계

chapter 01

관계우선의 법칙

특수상대성 이론 덕분에 아인슈타인은 역사 속에서 독특한 위치를 차지할 수 있었다. 약 9,000 단어로 이루어진 그의 논문은 시간과 공간에 대한 기존의 생각을 뒤집어버렸으며, 아직 대다수의 과학자들이 가지고 있던 고전적인 물리학 개념들을 철저하게 바꿔놓았다.

_ 로널드 W. 클라크 《아인슈타인: 그의 삶과 시대》

알베르트 아인슈타인이 1905년에 특수상대성 이론을 발표했을 때, 우주에 대한 인식을 완전히 바꿔놓은 혁명이 시작되었다. 아인슈타인은 250년 동안 물리학의 초석이라는 자리를 고수하고 있던 '운동의 법칙'을 내놓은 뉴턴 경을 단 한 번의 눈부신 손짓으로 무색하게 만들어 버렸다. 스위스의 특허국 사무실에서 혼자 연구를 하던 아인슈타인이 어떻게 그토록 놀라운 업적을 이룩할 수 있었을까?

역사가들은 아인슈타인이 그처럼 획기적인 이론을 내놓을 수 있었던 배경을 여러 가지로 설명하고 있다. 그러나 그중에서도 2가지 핵심적인 요인이 특히 두드러진다.

첫째, 뉴턴의 법칙은 아인슈타인이 자연에서 관찰한 많은 것들을 설명해주지 못했다. 그래서 아인슈타인은 우주를 설명하는 더좋은 방법을 찾아 나서야 했다. 뉴턴의 법칙이 맡은 바 구실을 제대로 수행하지 못한다면 가만히 있을 수 없었다.

둘째, 젊은 아인슈타인은 당시의 과학계와 학계의 울타리 바깥에서 자신의 이론을 만들어냈다. 따라서 그는 관료적 사고방식이나 점진적인 변화를 중시하는 사고방식의 방해를 받지 않았다. 그는 기존 신념이나 잘못된 생각의 방해를 받지 않은 채 새로운 생각들을 자유롭게 탐구하고 '주어진 틀 바깥에서' 사고할 수 있었다.

이 책의 추진력이 되고 있는 것도 바로 이 2가지 요인, 즉 세계를 더 잘 설명할 수 있는 방법을 찾겠다는 욕구와 새롭고 급진적인 생각들을 탐구하고 싶다는 욕구다. 그 이유는 단순하다. 낡은 사업 방식은 더 이상 효과를 발휘하지 못하기 때문이다!

우리가 가장 소중하게 생각해온 사업 모델, 전략, 시스템은 산업 혁명이 시작된 이래 별로 변하지 않았기 때문에 이제는 시대에 뒤떨어진 것이 되었다. 이 낡은 전략과 시스템은 변화 속도가 점점 빨라지고, 경쟁이 심해지고, 즉각적인 커뮤니케이션이 가능한 요즘 같은 굉장한 세상에서는 효력을 발휘하지 못한다. 새로운 생각, 새로운 모델, 새로운 전략, 새로운 시스템이 필요하다.

이 새로운 전략과 시스템은 산업시대의 모델을 기초로 구축된 것이 아니라, 이전의 전략이나 시스템과는 아무런 관련이 없는, 철저하게 새로운 것이어야 한다. 아인슈타인처럼 우리도 주어진 틀의 바깥에서 생각할 필요가 있다.

나는 왜 이토록 단호하게 이것을 주장하는가? 이런 생각을 하는 사람이 나 하나만이 아니기 때문이다. 나는 지금까지 수천 명의 기업인과 함께 일을 했는데, 그중 대부분이 몇 가지 공통점을 갖고 있었다. 좌절감을 느끼고 있었고, 혼란을 느끼고 있었다. 나는 그들이 마음속 깊은 곳에서 분노하고 있다고 생각한다. 그들이 분노하고 있는 것은 아무리 열심히 노력하고 아무리 계획을 많이 세우고 아무리 많은 돈을 투자해도 언제나 무엇인가가 목표 달성을 방해하고 있기 때문이었다.

이들의 좌절감을 분명하게 이해하기 위해, 트리니티 기어 및 피스톤봉이라는 이름의 가상기업을 예로 들어보자.(이 가상 기업의 예는 이 책에 제시된 다른 예들과 마찬가지로 내가 컨설팅을 하면서 만난 실제 사례들을 바탕으로 한 것이다.)

무엇이 기업의 성장을 방해하는가

트리니티 기어 및 피스톤봉은 60년이 넘는 역사 속에서 성공과 실패를 여러 번 경험했다. 그러나 지금처럼 골치 아픈 상황에 맞닥뜨린 적은 없었다. 지난 10년 동안 전 세계의 기어와 피스톤봉 생산업계는 극적인 변화를 겪었다. 최근 일어난 제조 설비의 혁명 때문에 대부분 제조업계의 기술자인 트리니티 고객들은 훨씬 더 다양한 기어와 피스톤봉들을 소량으로 주문하게 되었다. 주문에는 자신들의 필요에 맞춘 특별한 사양이 포함되는 경우가 많았다. 주문에 따라 생산해 적시에 납품하는 제품에 대한 수요가 증가하면서 예전에 한 제품을 오랫동안 팔던 시절에 트리니티가 향유하던 이윤 폭이 줄어들었다. 사실 이 새로운 수요에 맞추느라 트리니티의 이윤 폭

관계우선의 법칙

은 5년 이상 제자리에 머물러 있다. 다시 말해서 트리니티는 정체상태에 빠진 것이다.

기술과 시장의 급격한 변화에 보조를 맞추기 위해 트리니티의 기술자들은 혁신적인 신제품을 개발하려고 노력하고 있다. '트리니티 1000 티타늄 합금 기어 어셈블리 유닛' 같은 제품은 그런 노력의 결과 탄생한 것이다. 그러나 트리니티 기어 및 피스톤봉이 새로운 제품을 내놓을 때마다(각각의 제품을 개발하는 데 약 18개월이 걸린다) 액시엄 글로벌 기어를 포함한 경쟁사들이 금방 더 좋은 제품을 내놓는다.

트리니티 경영자들은 이 경쟁에서 이기기 위해 거의 모든 방법을 다 동원했다. 그들은 우선 제품 가격을 내려보았지만, 경쟁사들도 뒤쫓아 가격을 내렸기 때문에 이윤 폭만 줄어들었다. 광고를 늘리고 업계 전시회 등의 참가횟수를 늘리자 홍보비용이 늘어났다. 심지어 다른 사업으로 분야를 확대하려는 시도까지 했다. 그러나 알루미늄 압출성형사업 진출은 재앙과도 같은 결과를 낳았다. 이들이 시도한 방법 중 어느 것도 치열한 소비재 사업이 되어버린 트리니티의 경영 상태를 개선하지 못했다.

설상가상으로 트리니티의 오랜 고객 대부분이 경쟁사로 거래처를 옮겨버렸다. 그리고 나머지 고객들은 인터넷을 통해 기어와 피스톤봉을 구입하고 있다. 싱가포르에서 더 싼 제품을 발견하면, 그들은 그곳에서 물건을 구입한다. 브라질에서 품질이 더 좋은 피스톤봉을 발견하면, 역시 그 물건을 구입한다. 트리니티 직원들은 오랫동안 단골이던 고객들이 의리가 없다고 불평하고 있다. 더 좋은 물건을 발견하면 순식간에 배를 바꿔 타버리기 때문이다. 과거에 그들이 소비자 서비스에 기울인 노력들은 국경을 넘나드는 쇼핑과 전자 상거래와 온라인 경매가 가능한 시대에는 아무런 의미가 없어 보인다.

그러나 트리니티가 새로운 고객을 많이 확보할 수 있다면 오랜 단골들을 잃는 것도 그리 슬픈 일은 아닐 것이다. 하지만 새로운 고객을 확보하는 것은 점점 어려운 일이 되고 있다. 트리니티 판매원들은 제품을 설명하는 자신들의 말을 들으려 하는 사람들이 아무도 없다고 투덜거린다. 제조업계의 기술자들은 너무 바쁘거나 너무 지쳐서 점착성을 높여주는 트리니티 9000 시리즈 기어 편의 특징과 장점에 대한 설명을 가만히 앉아 듣지 못한다는 것이다. 트리니티의 가장 노련한 판매원은 "그 사람들은 심지어 내 전화에 응답전화도 하지 않는다."고 불평한다.

게다가 트리니티는 경영도 복잡해지고 운영비도 계속해서 증가하고 있다. 그들은 기업 전체에 적용되는 소프트웨어, 번개처럼 빠른 프로세서, 신경망, 인터넷 서버, 위성 전송시설, 컴퓨터로 관리되는 조립라인, 적시 납품, 업계에서 가장 정교한 웹사이트 등 최신의 장치들로 스스로를 무장했다. 그러나 새로운 기술을 도입하는 데에는 엄청난 돈이 드는 데다 그중 많은 것이 벌써 시대에 뒤떨어져버렸다. 또한 이 모든 기계들이 마찰을 일으키지 않고 부드럽게 돌아가도록 하기 위해서는 엄청나게 많은 사람이 필요하고 기계의 사소한 고장, 시스템의 폭주와 에러 등이 끊임없이 발생한다. 심지어 시스템이 제대로 돌아가고 있을 때조차 시스템을 이용하다 보면 짜증이 난다. 트리니티의 모든 부서가 각각 다른 방법으로 정보를 관리하고 있기 때문이다. 따라서 각 부서가 공유할 수 있는 정보는 거의 없다. 그 결과 트리니티 직원들은 조각조각 나뉜 불완전한 정보들을 꿰맞추느라 하루 중 대부분을 보낸다.

이렇게 기술적인 문제들이 분명하게 나타나고 있는데도 기술담당부서는 고위 경영진에게 시스템을 계속 업그레이드하지 않으면 회사가 망할 것이라고 조언했다. 그러나 트리니티에 근무하는 많은 사람은 새로운 기술 도입이 해결책이 될 것이라는 주장에 의심의 눈초리를 보내고 있다. 그들은 또한 자신들의 사업방식을 완전히 새롭게 바꿔야 하는 것이 아닌가 하는 생각도 하고 있다. 그러나 무엇을 해야 하며 어떻게 변화를 시작해야 할지에 대해서는 전혀 공감대가 이뤄지지 않았다.

낡은 성공 방정식, 제품우선의 법칙

오늘날 전통적인 제조업 분야와 서비스 분야는 물론 첨단 기술을 이용하는 디지털 시대의 산업부문에서도 사실상 거의 모든 기업이 트리니티 기어 및 피스톤봉 같은 문제에 맞닥뜨려 좌절을 경험하고 있다. 그들 모두 변화 속도가 점점 빨라지고, 경쟁이 심해지고, 즉각적인 커뮤니케이션이 가능해진 세상에서 성공하려고 노력하고 있다.

그렇다면 해결책은 무엇인가? 우선 첫 단계는 기업인들이 좌절 감을 느끼는 이유를 이해하는 것이다. 내 생각에는 시대에 뒤떨어진 성공 방정식이 그 이유인 것 같다. 나는 이 방정식을 '제품우선의 법칙'이라고 부른다. 그 법칙은 다음과 같다.

$$제품(P) \times 커다란\ 숫자(LN) = 성공(\$)$$

사람들이 제품우선의 법칙을 이용하는 것은 그들이 알고 있는 성공방정식이 이것뿐인 데다 이 법칙이 거역할 수 없는 전망을 제시해주기 때문이다. 제품을 만들어서 많이 팔면 돈을 많이 벌 수 있다는 것이 이 법칙의 의미다. 정말 간단하지 않은가. 훌륭한 제품을 만들어 그 제품을 계속 생산한다. 그리고 그 제품을 수많은 소비자에게 팔아 돈을 긁어 들인다. 이 법칙이 의미하는 것은 이것뿐이다.(주의: 눈에 보이는 유형의 제품을 판매하는 기업뿐만이 아니다. 서비스를 제공하는 기업들도 여기에 포함된다. 따라서 이 방정식은 서비스 우선의 법칙이라고 부를 수도 있다.)

이 법칙을 따르는 기업인들은 몇 가지 공통점을 가지고 있다. 가장 두드러진 특징은 그들이 모든 전략적 사고의 출발점으로 삼는 것이 바로 제품이라는 점이다. 자신의 사업체를 성장시키고 싶을 때, 그들은 우선 이런 질문을 던진다. 어떻게 하면 우리 제품을 더 좋게 만들 수 있을까? 색깔을 바꿀까? 크기를 키울까? 아니면 더 작게 만들어볼까? 값을 더 싸게 할 수는 없을까? 제품 유통 방법을 바꿔볼까? 소비자들의 마음속에 제품 이미지가 다르게 자리잡도록 해야 할까? 아니면 아예 다른 제품을 만들까? 그것도 아니라면 아예 사업체를 하나 새로 만들어서 완전히 다른 제품을 만들어야 할까? 경쟁사 중 하나와 합병을 할까?

제품우선의 법칙을 사용하는 기업인들은 또한 경쟁에 대해 강박관념을 갖고 있다. 경쟁이 심해지면 이들의 강박관념도 더욱 심해진다. 이들은 다음과 같은 의문들에 대해 생각하느라 많은 시간을 보낸다. 지금 우리 경쟁사는 무엇을 하고 있을까? 경쟁사보다 우리 물건을 더 좋게 만드는 방법은 무엇일까? 경쟁사를 이기기 위해 물건 가격을 내릴까? 경쟁사를 사버릴까? 경쟁사가 우리 회사를 사들이도록 하는 게 나을까?

마지막으로, 제품우선의 법칙을 따르는 기업인들은 제품을 중심으로 모든 전략과 시스템을 구축한다. 기술적인 작업, 제조, 물건의 유통, 재정 등 제품과 관련된 업무들을 조정할 수 있도록 구축된 이 시스템들은 판매나 마케팅처럼 창조력과 인간관계가 필요한 업무에 적용되었을 때 심각한 분열현상을 일으켜서 전혀 효력을 발휘하지 못할 수도 있다.

의식적으로든 무의식적으로든 오늘날 전 세계 기업인 대부분은 제품우선의 법칙을 이용하고 있다. 이 법칙이 산업혁명이 시작된 이래 거의 200년 동안 효력을 발휘해왔기 때문이다. 이 법칙이 지금까지 효력을 발휘한 데에는 3가지 이유가 있다.

첫째, 19세기와 20세기 전반기에는 세상이 변하는 속도가 그리 빠르지 않았다. 따라서 신발을 만들어 파는 사람은 똑같은 신발을 오랫동안 대량으로 판매할 수 있었다. 시장 상황은 수십 년 동안 기본적으로 똑같은 상태를 유지했다. 설사 유행, 기술, 법률, 규제 등 사업에 중요한 여러 가지 요인이 변화한다 해도 그 변화 속도는 느리기 짝이 없었다. 수년 동안, 또는 수십 년 동안 사업방식을 크게 바꾸지 않고도 똑같은 물건을 대량으로 만들어 팔 수 있었던 것이다.

둘째, 제품우선의 법칙이 산업시대에 효력을 발휘한 것은 그 시대에는 비교적 경쟁이 심하지 않았기 때문이다. 자동차를 만드는 기업의 경우, 같은 사업에 종사하는 경쟁사가 거의 없었다. 보험을 판매하는 회사 역시 경쟁사가 고작 두어 군데 정도였다. 호텔업계에도 경쟁자가 거의 없기는 마찬가지였다. 경쟁자가 없다면 제품 개발에 전혀 투자를 하지 않고 똑같은 제품과 서비스를 계속 생산해도 된다. 또한 경쟁자가 거의 없기 때문에 가격을 마음대로 정하고 높은 이윤 폭을 유지할 수도 있다.

셋째, 제품우선의 법칙이 효력을 발휘한 것은 생산자가 소비자보다 더 많은 정보를 갖고 있었기 때문이다. 산업시대에는 소비자들이 오늘날처럼 엄청나게 많은 정보에 접근할 수가 없었다. 소비자들이 여러 가지 물건을 보며 가격을 비교하는 것은 대개 매우 어려운 일이거나, 불가능한 일이었다. 소비자들은 품질이 더 좋은 신발이 도시 반대쪽에서 반값에 팔리고 있는지 알 길이 없었으며, 설사 그런 정보를 얻는다 해도 그곳까지 가기가 어려웠다. 이처럼 소비자가 갖고 있는 정보가 부족했기 때문에 생산자는 자신의 이윤 폭을 유지하면서 똑같은 물건을 계속 팔 수 있었다.

이 3가지 조건, 즉 느린 변화 속도, 상대적으로 치열하지 않은 경쟁, 소비자들의 정보 부족은 제품우선의 법칙이 효력을 발휘하는 필수적인 조건들이다. 이 3가지 조건이 충족되지 않으면 제품우선의 법칙은 무너져버린다. 시장 상황, 소비자의 취향, 기술 등 모든 것이 계속해서 변화하고 있다면 생산자도 제품과 서비스를 계속 변화시켜야 한다. 만약 경쟁이 심해진다면, 소비자는 한 회사의 제품과 그 경쟁사의 제품에 차이가 거의 없음을 알게 될 것이다. 그렇게 되면 생산자는 가격이 유일한 변수가 되는 소비재의 함정commodity trap에 빠질 수 있다. 이 함정에 빠지면 이윤 폭이 급격하게 감소한다. 때로는 마이너스로 떨어질 때도 있다. 게다가 소비자들이 특정 상품이나 서비스에 대한 정보를 쉽고 빠르게 구할 수 있다면, 이윤 폭은 더욱 감소할 것이다. 이 모든 요인들로 인해 똑같은 상품을 대량으로 만들어내면서 제대로 이윤을 올리는 것은 사실상 불가능해진다.

오늘날 우리가 살고 있는 세상은 현기증이 날 정도로 빠르게 변하고 있으며, 세계적인 경쟁이 점점 심해지고, 많은 정보를 갖고 있는 소비자들은 집이나 사무실에 편안히 앉아서 인터넷을 통해 쇼핑

할 수 있다. 제품우선의 법칙이 효력을 발휘하는 데 필요한 3가지 조건은 오늘날의 시장에 더 이상 존재하지 않는다. 간단히 말해서 이 법칙은 시대에 뒤떨어진 것이며, 이 법칙이 효과를 발휘하게 만들려는 기업의 모든 노력(가격 전쟁, 생산라인 연장, 홍보, 광고 캠페인, 웹사이트, 신기술, 전략적 동맹, 인수 합병)은 궁극적으로 무용지물이 될 것이다.

이런 변화가 일어나고 있는데, 사람들은 왜 아직도 제품우선의 법칙에 매달리는 것일까? 거기에는 2가지 이유가 있다. 첫째, 이 법칙이 너무나 오랫동안 우리 문화에 깊이 배어 있었기 때문에 사람들은 자신이 그 법칙을 이용하고 있다는 사실조차 인식하지 못한다. 둘째, 만약 우리가 그 법칙을 이용하고 있음을 인식하고 그 법칙을 바꾸려는 의도를 갖는다 하더라도 시대에 뒤떨어진 이 법칙을 뒷받침하는 기존 전략과 시스템이 도저히 넘을 수 없을 듯한 장벽이 되어 우리 앞을 가로막는다.

인식의 부족과 변화를 일으킬 수 있는 능력의 부족이라는 이 2가지 조건에는 위험이 가득하다. 앞으로는 제품우선의 법칙을 기반으로 사업을 계속하는 기업들은 성공하기가 더 어려워질 것이다. 우선 변화 속도가 빨라짐에 따라, 특정 제품을 가지고 이윤을 올리기가 더욱 어려워질 것이다. 그리고 경쟁이 심해짐에 따라, 소비재의 함정에서 빠져나와 높은 이윤 폭을 유지하는 것도 더 어려워질 것이다. 마지막으로 소비자들이 최선의 가격을 지닌 최고의 상품을 구입하기 위해 인터넷을 더 많이 이용하게 됨에 따라, 이윤 폭은 더욱 줄어들 것이다.

이런 환경 속에서 새로운 기술의 등장이나 고객 취향의 변화는 기업을 하루아침에 망하게 할 수도 있다. 설사 기업이 망하지는 않는다 하더라도 낡은 성공의 공식이 새로운 재주를 발휘하게 만들려고 엄청난 시간과 돈, 그리고 에너지를 낭비하게 될 것이다. 이는 소프트웨어 회사, 여행사, 소기업, 정부기관, 협회, 컨설팅 회사, 대기업 등 조직의 종류를 막론하고 제품이나 서비스를 전략적 사고의 출발점으로 삼는 모든 경우에 해당된다는 점을 기억해야 한다.

그렇다면 해결책은 무엇인가? 우리는 제품우선의 법칙을 던져버리고 완전히 새로운 사업 모델인 관계우선의 법칙을 채택함으로써 전략적 기업을 세워야 한다.

새로운 성공 방정식, 관계우선의 법칙

변화 속도가 점점 빨라지고, 경쟁이 더욱 심해지고, 즉각적인 커뮤니케이션이 가능한 시대에 성공하려면 19세기적인 사고방식을 벗어버리고 21세기에 더 적합한 혁신적인 기업모델을 채택해야 한다. 내가 관계우선의 법칙이라고 명명한 이 새로운 사고방식은 다음과 같다.

고객과의 긴밀한 관계(QR) × 독특한 가치를 지닌 상품(UV) = 성공($)

이 법칙에는 무엇보다도 중요한 원칙이 하나 있다. 제품이나 서비스를 중심으로 기업을 구축하는 대신 특정 유형의 고객들을 중심으로 기업을 구축해야 한다는 것이다. 기업의 임무는 이 특정 유형의 고객에게 독특한 가치를 지닌 상품을 꾸준히 공급하는 것이다. 기업의 모든 전략, 공정, 시스템은 이 상품을 고객에게 제공하고 이 특정 유형의 고객들과 장기적인 관계를 맺을 수 있도록 설계되어 있다. 이러한 관계우선의 법칙을 사용하는 기업이 바로 전략적 기업이다.

관계우선의 법칙이 요즘 세상에 더 적합한 이유는 무엇일까? 간단히 말해서, 전략적 기업은 변화, 경쟁, 즉각적인 커뮤니케이션의 방해를 받는 것이 아니라 오히려 그런 요인들 덕분에 성공한다.

전략적 기업이 변화를 유리하게 이용할 수 있는 것은 관계우선의 전략과 시스템 덕분에, 이윤이 매우 높은 새로운 기회가 뜻하지 않게 나타났을 때 즉시 움켜잡을 수 있기 때문이다. 또한 전략적 기업이 경쟁을 걱정하지 않는 것은 경쟁자가 없기 때문이다. 전략적 기업은 고객에게 독특한 가치를 지닌 제품을 계속해서 점점 다양하게 제공해주기 때문에 고객들의 마음속에 독특한 존재로 각인된다. 그리고 전략적 기업은 제품이나 서비스 중심이 아니라 고객 중심으로 완전히 통합된 정보 시스템을 갖고 있기 때문에 즉각적인 소통 채널과 기술을 이용해서 고객 및 잠재고객들과 더욱 긴밀한 관계를 맺게 된다.

이 2가지 사업 모델의 차이점을 분명히 이해하기 위해 2개의 가상기업을 예로 들어보자. 한 기업은 여전히 제품우선의 법칙을 사용하고 있고, 다른 기업은 관계우선의 법칙을 채택함으로써 스스로를 전략적 기업으로 변화시켰다.

신택스 스위칭 : 업계 1위에서 파산 직전으로

신택스 스위칭은 40년 동안 전화교환기 업계에서 세계 최고였다. 1952년에 뛰어난 기술자이자 과학자였던 에메트 신택스 박사가 설립한 신택스 스위칭은 전화회사들과 민간 전화교환국들을 위한 혁신적인 교환기 개발을 선도했다. 1960년대, 70년대, 80년대를 거치면서 이윤이 꾸준히 증가함에 따라 신택스 스위칭은 전 세계에 20개 이상의 제조 센터 및 제품개발 센터를 세웠다. 직원 숫자도 같은 속도로 늘어났다.

그런데 1990년대 초에 신택스 스위칭의 매출과 수익은 정체상태에 도달했다. 외국 경쟁사들이 시장에 진출하고 교환 설비의 가격이 크게 떨어지면서 신택스 스위칭의 이윤이 감소하기 시작했다. 또한 기술적 혁신의 속도가 한층 빨라지면서 신택스 스위칭은 신제품을 더 자주 시장에 내놓아야 했다.

1980년대 평균 3년이던 제품의 라이프사이클이 1990년대 중반에는 3개월 이하로 줄어들었다.

게다가 고객들은 주문에 따라 맞춤 생산된 교환기를 요구하기 시작했다. 고객들은 제품 배달을 몇 달이나 몇 주씩 기다리려 하지 않았지만, 신택스의 시스템은 고객들의 특성에 맞춘 주문을 효율적으로 처리할 수 없었다. 조립공장이 고객들의 기대를 충족시키지 못하자 판매원들은 점점 좌절감을 느끼게 됐다.

설상가상으로 신택스의 새로운 교환기인 갤럭틱 스위치 시리즈가 참담한 실패를 기록했다. 신택스가 이 제품을 시장에 출시할 준비를 마쳤을 때. 전화업계가 이 신제품과 맞지 않는 표준 프로토콜을 채택했던 것이다. 신택스 스위칭에 근무하는 사람들 누구도 이 실수에 대해 책임을 지려 하지 않았다. 사실 업계가 표준을 바꾸리라는 것을 2년 전에 예측할 수 있는 사람이 어디에 있겠는가?

1990년대 말 전 세계 원거리 통신 산업은 놀라운 속도록 성장하고 있었지만 신택스 스위칭의 앞날은 캄캄하기만 했다. 매출은 정체 상태였고, 직원들의 사기는 완전히 바닥으로 떨어졌다. 신택스 스위칭이 너무나 우울하고 불쾌한 직장으로 변해버렸기 때문에 직원들은 떼를 지어 회사를 떠났다. 남은 직원들은 전혀 통합되지 않은 회사의 컴퓨터 시스템 때문에 갑갑해했다. 생산성 감사 결과 이 회사 직원들이 평균 근무시간의 80% 이상을 부가가치가 낮은 기계적인 작업을 하는 데 사용하고 있으며, 소비자들과 직접 대면하는 업무에 사용하는 시간은 20%가 채 되지 않는다는 사실이 드러났다.

관계우선의 법칙

신택스를 괴롭히고 있는 문제들을 해결하기 위해 고위 간부들은 주말을 이용해 골프장에서 긴급회의를 열었다. 중역들은 업계의 미래와 스위치 기술이 나아갈 방향, 경쟁에서 뒤지지 않기 위해 만들 수 있는 혁신적인 장치 등에 대해 끊임없이 이야기를 나눴다. 그러나 회사의 전망과 고객에 대해서는 거의 언급이 없었다. 고위 중역 대부분이 그런 주제를 잘 알지 못했기 때문이다.

회의가 끝날 무렵, 신택스는 기술자들이 개발한 놀라운 기술을 바탕으로 5200 퀘이사 인터체인지 시리즈라는 새 교환기를 개발하기로 결정했다. 고위 중역들은 이 제품이 지닌 잠재력에 들떴지만, 일부는 새로운 제품이 18개월 후에 시장에 나와도 성공하기 어려울 것이라는 두려움을 남몰래 간직하고 있었다. 그들이 옳았다. 2000년 초에 신택스는 법정 관리를 받는 상태로 전락했다.

바스켓볼 피플 : 파산 직전에서 전략적 기업으로

바스켓볼 피플이 농구공만 팔던 시절을 기억하는 사람은 거의 없다. 1999년의 일이다. 그때 바운시 바스켓볼 인코포레이티드는 전 세계의 농구공 제조 및 도매업체 중 5위 안에 드는 기업이었다. 그런데 그해에 바운시 바스켓볼의 경영진은 사업모델을 바꾸지 않으면 파산하게 되리라는 것을 깨달았다. 농구공 시장에서 바람이 빠져버려서, 판매 실적이 정체상태였다. 또한 해외 경쟁사들이 저렴한 제품으로 시장에 진출하면서 경쟁도 치열해졌다. 바운시 바스켓볼의 사장인 호레이쇼 후프는 이 책《관계우선의 법칙》을 읽은 후 제품(농구공)우선의 법칙을 버리고 관계우선의 법칙을 채택하기로 결정했다.

변신의 첫 단계는 이 회사가 겨냥할 고객 유형을 고르는 것이었다. 결정은 간단했다. 이 회사 고객들은 농구선수였기 때문이다. 호레이쇼 후프와 그의 팀은 '농구공' 대신 '농구 선수'를 중심으로 사업계획을 구축하기로 결정했다. 매우 간단해 보이는 결정이지만, 이 결정 하나로 회사의 운명은 완전히 바뀌었다.

후프의 팀은 농구선수들에게 초점을 맞추면서 몇 년 만에 처음으로 창조적인 생각을 하기 시작했다. 그들은 스스로에게 이런 질문을 던졌다. 우리는 농구선수들에게 어떤 독특한 가치를 지닌 제품을 제공할 수 있는가? 농구선수들이 원하는 것, 그들에게 필요한 것은 무엇인가? 첫째 질문에는 답하기가 쉬웠다. "우린 그들에게 농구공을 팔 수 있다. 그것은 확실하다." 그럼 그 외에 무엇이 있을까? "우리는 그들에게 농구 유니폼, 농구 훈련 비디오, 팀 관리 소프트웨어, 프로 농구선수들에 대한 정보를 팔 수 있다. 우리는 또한 경기 스폰서를 맡거나 메신저를 통해 농구선수들을 한자리에 모을 수 있다. 우리는 농구 트로피, 집 뒤뜰에 놓을 수 있는 농구대 등을 팔고, 심지어 농구장을 지을 수도 있다. 그리고 만약 우리가 커다란 성공을 거둔다면 프로 농구팀을 사들일 수도 있다."

후프와 그의 팀은 이 모든 아이디어를 생각해내고 회사의 미래에 대해 들뜬 기대를 품게 되었다. 미래에 세상이 어떻게 변하더라도 농구선수들은 항상 존재할 것이다. 변화로 가득한 세상이라지만 이것만은 확실했다. 또한 앞으로 농구공 판매는 그들의 사업에서 아주 작은 일부만 차지하게 될 터이니 경쟁사에 대해서도 더 이상 걱정할 필요가 없었다. 그뿐만 아니라 관계를 먼저 생각하는 그들의 새로운 사고방식은 오랫동안 값비싼 전자 팸플릿 노릇만 하며 힘을 발휘하지 못하던 회사의 웹사이트에도 생명을 불어넣었다.

이 새로운 방침을 실천하기 위해 이 회사는 이름을 바스켓볼 피플로 바꾸고《농구선수의 필수 지침서》라는 제목의 책을 펴냈다. 이 책은 바스켓볼 피플의 웹사이트에 등록한 사람 모두에게 인쇄된 책이나 컴퓨터 파일 형태로 전달됐고, 2,000군데가 넘는 소매점에서도 무료로 구할 수 있었다. 이 책을 통한 홍보과정에서 수집된 모든 정보는 회사의 데이터베이스에 입력되었다. 이렇게 18개월 동안 75만 명의 농구선수들에 대해 이메일 주소를 포함한 상세한 정보가 수집되었다.

그동안 바스켓볼 피플은 농구에 관해 세계에서 가장 광범위한 웹사이트를 구축하기 시작했다. 이 사이트에는 NBA의 모든 프로팀에 대한 통계, 프로들의 조언, 농구팀이나 농구대회를 관리하는 무료 소프트웨어, 농구 훈련 지침서, 운동과 관련된 부상을 치료해주는 병원 목록, 토론방, 온라인 농구 플레이오프 리그, 바스켓볼 피플 상점 등이 포함되었다. 이 중 바스켓볼 피플 상점에는 5,000여

명의 상인이 판매하는 농구관련 상품이 등록됐다. 사고 싶은 물건이 무엇이든 그 물건이 농구와 관련된 것이라면 바스켓볼 피플에서 구할 수 있었다.

바스켓볼 피플은 5년에 걸쳐 세계에서 1,500만 명 이상의 농구선수들과 관계를 맺었다. 선수 개개인에 대해서도 엄청난 정보를 모았다. 이 정보는 농구선수들의 흥미를 끄는 제품과 서비스를 만들어내는 데 사용된다. 바스켓볼 피플은 이메일과 바스켓볼 피플 웹TV 채널을 통해 자사 데이터베이스에 입력된 선수들과 빠르고 쉽게 연락을 주고받을 수 있다. 게다가 바스켓볼 피플은 농구선수들에게 초점을 맞춤으로써 고객 데이터베이스를 중심으로 하는 정보 시스템을 개발했다. 가치 있는 구성요소 조직 원칙(제7장 '전략적 기업으로 가는 12단계' 참조)을 기반으로 매끈하게 통합된 이 시스템 덕분에 바스켓볼 피플은 새로운 제품과 서비스를 며칠 만에 만들어낼 수 있다. 새로운 기회가 생긴다면, 이 회사는 정보를 재빨리 분류하고 처리해서 독특하고 완벽한 제품과 서비스 패키지를 제공하는 것이다.

바스켓볼 피플은 관계우선의 법칙을 채택한 이후 기하급수적으로 성장했다. 이 회사에서는 혁신적인 제품과 서비스를 위한 새로운 아이디어가 고갈되지 않는다. 경쟁자도 없다. 이 회사와 경쟁관계에 있던 일부 회사는 이제 바스켓볼 피플의 웹사이트에서 자신들의 상품을 판매하고 수수료를 내고 있다. 이윤 폭은 평균치를 훨씬 웃돌고 회사의 수입은 1,000% 이상 늘어났다. 그러나 진정한 성공의 조짐이 나타난 것은 최근 바스켓볼 피플이 농구공 제조부문을 팔아치웠을 때다. 당시 이 회사 중역 중 한 명은 "그 부문이 우리에게 그리 많은 이윤을 가져다주지 못했다."고 말했다. 바스켓볼 피플은 미래를 바라보면서 NBA 구단 한 군데, 아니 어쩌면 두세 군데와의 계약에 응찰해볼 생각을 하고 있다.

두 회사가 주는 교훈

신택스 스위칭과 바스켓볼 피플은 여러 면에서 다르다. 그러나 그중에서도 두드러지는 점이 몇 가지 있다. 신택스 스위칭이 제품에 집중할 때, 바스켓볼 피플은 관계우선의 법칙으로 방향을 전환했다. 이 전략적 변화는 여러 가지 면에서 바스켓볼 피플을 자유롭게 해주었다. 바스켓볼 피플 직원들은 농구선수들이 농구라는 게임에서 더 많은 것을 얻어낼 수 있도록 도와주는 방법에 대해 자유롭고 창조적인 생각을 할 수 있었다. 그들은 또한 '농구공' 위주의 좁은 사고방식에서도 자유로워질 수 있었다. 그 밖에도 그들은 변화에 대한 두려움, 경쟁에 대한 강박관념, 기술이 문제를 해결해줄 것이라는 맹목적인 믿음에서도 자유로울 수 있었다. 그래서 그들은 고객의 말에 귀를 기울이며 그들에게서 배울 수 있었다.

반면 슬프게도 신택스 스위칭은 그러지 못했다. 그들은 세상이 너무 빨리 변한다는 등, 경쟁이 불공평하다는 등, 인터넷을 비롯한 모든 신기술이 궁극적으로 그들의 사업을 망쳐버렸다는 등 불평만 늘어놓으면서 몰락해갔다.

이 두 기업의 이야기를 분석해볼 때 결론은 분명하다. 한 기업은 전략적 기업이 되었고, 나머지 한 기업은 그렇게 되지 못했다.

제품이라는 눈가리개를 벗어 던져라

다른 사람들과 마찬가지로 나도 한때는 제품우선의 법칙이라는 주문에 걸려 있었다. 1980년대 후반과 1990년대 초에 나는 온라인 게시판 시스템(BBS)을 구축할 수 있는 새로운 컴퓨터 기술 때문에 대단히 흥분해 있었다. 인터넷이 대중화되기 전인 당시에는 BBS 시스템이 엄청난 유행이었다. 나는 내 파트너인 커티스 버스트래트와 함께 협회, 잡지사, 기업 등을 위해 BBS 시스템을 구축해주는 회사를 차렸다. 우리의 꿈은 우리 BBS를 가능한 한 많은 사람에게 파는 것이었다.

한동안 우리는 명성과 부를 향한 길에 들어섰다고 생각했다. 우리 BBS를 신청한 사람은 수천 명이나 됐다. 롤스로이스 자동차 열쇠가 우리를 기다리고 있는 것 같았다. 그러나 불행히도 그 꿈은 실현되지 못했다. 월드와이드웹이 세상에 등장한 날 사람들은 BBS에 대한 관심을 잃어버렸다. 우리는 새로운 기술에 밀려버렸다. 전에는 열성적이던 우리 고객들은 한마디 사과도 없이 BBS 신청을 취소하고 즉시 인터넷 서비스 제공사(ISP)에 등록했다. 우리 사업은 하루 아침에 뒷전이 되어버렸다.

이 기막힌 실패로 나는 진지하게 나 자신을 돌아보지 않을 수 없었다. 과연 무엇을 잘못했을까? 그때 깨달음이 왔다. 우리는 제품과 특정 기술을 중심으로 우리 사업을 구축했다. 언젠가 새로운 기술이 등장해서 모든 것을 바꿔놓으리라는 것이 분명했음을 나중에야 깨달았다. 성공을 즐기는 동안 우리는 눈을 활짝 뜨고 있지 않았다. 여러 가지 면에서 우리는 문 밖에서 벌어지는 일에 시선을 돌리는 것을 두려워하고 있었다. BBS 기술에 많은 것을 투자했기 때문에 우리 꿈을 망쳐버릴지도 모르는 것에 대해서는 생각하고 싶지 않았다.

제품에 초점을 맞춘 우리 방식이 어리석은 짓이었음을 깨달았을 때, 나는 미래가 몰고 올 충격에 더 많은 저항력을 지닌 사업을 구축하는 방법을 생각하기 시작했다. 쉽게 변하는 기술에 성공 여부가 좌지우지되지 않는 사업이 필요했다. 그러다 나는 고객에 대해 생각하기 시작했다. 나는 고객들을 위해 무엇을 하려고 했는가? 간단히 말해서 고객들이 디지털 기술을 이용해 사업에 성공할 수 있게 도우려고 노력했다. 그러나 사실 내 고객들을 돕는 것과 BBS 자체는 아무런 관련이 없었다. BBS 시스템이 별로 필요하지 않은 사람들에게 BBS 시스템을 팔려고 노력한 것이 나의 현실이었다. 나는 내 제품과 내 꿈에 집착한 나머지 내 고객들에게 정말로 필요한 것이 무엇인지 전혀 생각하지 않았다.

그때 깨달음이 왔다. 만약 내가 내 고객들(사업체의 소유주들과 마케팅 관련자들)을 중심으로 사업을 구축했다면, 나는 그들이 성공을 거두는 데 필요한 것을 무엇이든 제공할 수 있었을 것이다. 만약 그들에게 BBS 시스템이 필요했다면 좋았겠지만, 이 시스템이 필요하지 않다면 나는 뭔가 다른 방법으로 그들을 도왔을 것이다. 내 창조력의 물꼬가 트인 것이 바로 그때였다.

사람들이 기술을 더 효과적으로 이용할 수 있게 돕는 방법은 수백 개나 되었다. 그 순간부터 우리 사업은 폭발적으로 성장하기 시작했다. 우리는 책을 쓰고, 워크숍을 개최하고, 강연을 하고, 디지털 감사를 실시하고, 수십 종류의 기술을 이용해서 디지털 마케팅 시스템을 구축했다. 무엇보다 중요한 것은 우리 고객들 역시 성공하기 시작했다는 점이다. 시야를 가리고 있던, 제품이라는 눈가리개를 벗어던짐으로써 우리는 고객들이 성공하는 데 무엇이 필요한지 정확하게 파악할 수 있었다.

chapter 02

세계적 현실

나는 전 세계 사람들 개개인이 철저하고 포괄적으로 스스로를 교육
하지 않는 한 이 세계의 문제들 중 그 어느 것도 해결될 희망이 없다
고 확신한다. 사람들이 스스로를 교육한 다음에야 우리 사회는 세계
적인 중대한 문제들을 파악하고 내적으로 의견을 교환할 수 있을 것
이다. 그리고 그때서야 인류는 그 문제들을 효과적으로 정리해서 지
구상의 모든 생명체에게 이로운 해결책을 찾기 위해 중요한 순서대
로 배열할 수 있을 것이다.

_ R.버크민스터 풀러

버크민스터 풀러는 미래학자이자 세계적인 사상가이며, 지오데식돔Geodesic Dome을 발명한 사람인데, 세계적인 문제들을 해결하는 데 일생을 바쳤다. 포괄적인 예측의 디자인 과학이라고 불리는, 세계적인 문제 해결에 대한 그의 접근방법은 전체적 맥락에서 각각의 구체적인 문제(기아, 자원고갈, 환경파괴, 군국주의 등)를 바라보는 것이다. 풀러는 '전체적인 맥락'에서 볼 수 있어야만 세계적인 문제를 해결할 수 있는 새로운 모델, 전략, 시스템을 고안할 수 있다고 주장했다.

전략적 기업을 구축하기 위해서는 우리도 자신의 문제를 전 세계적 시스템이라는 맥락에서 살펴보아야 한다. 우리가 현재 살아가고 있는 세상의 현실, 즉 변화의 속도가 점점 빨라지고, 경쟁이 심해지고, 즉각적인 커뮤니케이션이 가능한 현실을 제대로 인식해야 한다. 또한 이러한 세계적 현실이 잠시 지나가는 것이 아니라는 사실을 받아들여야 한다. 이 현실은 돌연변이가 아니다. 이 세상은 산업시대 이후 근본적인 변화를 겪었으며, 결코 과거와 같은 상태로 돌아가지 않을 것이다. 이러한 현실을 인식하고 거기에 맞게 사업 모델, 전략, 시스템을 변화시키거나, 아니면 기업의 문을 닫는 수밖에 없다. 아주 간단하다.

따라서 첫 단계는 세계적 현실을 정면으로 마주보는 것이다. 오늘날의 세계경제와 관련된 트렌드, 이슈, 사실들이 많지만, 그중에서도 사실상 모든 기업에 커다란 영향을 끼친 것으로 생각되는 것은 다음 8가지다.

1. 변화 속도가 빨라지고 있다.
2. 소비재의 마진이 줄어들고 있다.
3. 고객이 시장을 지배한다.
4. 잠재고객과 접촉하기가 더 어렵다.
5. 시장과 유통경로가 점점 세분화되고 있다.
6. 제품의 라이프사이클이 짧아지고 있다.
7. 기술이 중추적인 역할을 한다.
8. 기존 시장으로는 충분하지 않다.

이제 이 세계적 현실을 하나씩 자세하게 살펴보자.

변화 속도가 빨라지고 있다

오늘날의 세상에서는 모든 것이 점점 더 빠르게 변화하고 있다. 개인적 삶, 정치적 삶, 경제적 삶, 문화적 삶, 기술적 부분, 영적인 삶 등 모든 부분에서 우리는 변화라는 해일에 휩쓸리고 있다. 그러나 변화하고 있는 것은 변화의 대상뿐만이 아니다. 변화의 속도 자체도 더욱 빨라지고 있다. 전 세계를 상대로 즉각적인 커뮤니케이션이 가능해지면서 새로운 아이디어, 상징, 이미지 등의 교류가 증가하고 있으며 더 새롭고, 더 빠르고, 더 똑똑해진 컴퓨터는 새로운 기술의 개발 속도를 높이고 있다. 또한 서로 다른 문화와 사회적 규범의 세계적인 충돌 현상으로 인해 사실상 거의 모든 제도와 전통을 변화시켜야 한다는 요구도 가속되고 있다.

이처럼 우리가 사는 세계의 속도가 빨라지면서(버크민스터 풀러는 '가속되는 가속화'라고 표현했다) 미래학자인 앨빈 토플러가 미래의 충격이라고 불렀던 것이 현실로 나타나고 있다. 매일 아침 우리는 잠에서 깨어 이런 의문들을 떠올린다. 이다음엔 무슨 일이 벌어질까? 오늘은 어떤 변화가 일어나서 우리 인생과 사업의 구조를 바꾸도록 우리를 몰아붙일까?

역설적인 것은 변화 속도가 빨라지면서 미래를 예측해달라는 요청을 받는 컨설턴트, 현자, 미래학자들의 숫자도 늘어나고 있다는 점이다. 우리는 신문이나 잡지를 집어들 때마다, TV를 볼 때마다, 라디오를 들을 때마다, 또는 인터넷을 서핑 할 때마다 다음달, 다음해, 또는 수십 년 후에 이 세계가 어떻게 되어 있을지를 말해주는 전문가를 만난다. 그리고 이러한 추세는 대중매체에만 국한된 것이 아니다. 크든 작든 대부분의 기업에도 미래를 예언하는 것을 직업으로 삼은 사람들이 있다. 그들은 점잔을 빼며 예언한다.

"내년에는 우리 시장이 50% 성장할 것입니다. 이 기술은 지금으로부터 5년 후에는 모든 가정에서 사용될 것입니다. 우리 경쟁자들은 앞으로 3년 후에 이러한 종류의 제품을 내놓을 것입니다. 우리는 이러한 종류의 컴퓨터와 이러한 종류의 소프트웨어를 설치해야 합니다. 앞으로 10년 후에는 그러한 소프트웨어를 설치해야 합니다. 앞으로 10년 후에는 그러한 컴퓨터와 소프트웨어가 표준적인 기술이 될 것입니다. 우리는 이 제품을 중심으로 사업을 구축해야 합니다. 미래의 소비자들이 이 제품을 원할 테니까요."

이 모든 예언은 혼돈스러운 세상에 질서와 비슷한 것이라도 확립해두려는 시도, 즉 불확실한 미래를 좀 더 확실하게 만들려는 시도다. 그러나 이러한 예언은 위험한 짓이다. 변화 속도가 점점 빨라지고 있다는 것은 미래를 예측할 수 없음을 의미하기 때문이다. 미래를 예측하는 것은 불가능하다. 실제로 누군가가 예언을 한다면 그 예언과 반대되는 결과가 나올 것이라고 생각해야 한다. 그 예언이 현실로 나타나지 않을 가능성이 더 크기 때문이다. 간단한 논리다. 이처럼 변수가 많은 세상에서, 상황마다 변수가 수백만 개, 어쩌면 수십억 개쯤 될 텐데, 어느 누가 미래를 예언한다고 주장할 수 있겠는가?

불행히도 제품우선의 법칙을 채택한 기업인들은 미래에 대한 구체적인 예언을 바탕으로 기업을 경영한다. 그들은 어떤 특정한 상품이 미래에 필요해질 것이라는 예측 때문에 그 상품을 개발하기로 결정한다. 그들은 새로운 컴퓨터, 새로운 소프트웨어, 새로운 장비가 미래에 자기 회사의 경쟁력을 높여줄 것이라고 생각하기 때문에 그 새로운 설비를 들여놓는다. 물론 이러한 결정은 틀릴 수 있다. 변화 속도가 점점 빨라지고 있는 시대에는 이러한 결정이 틀릴 가능성이 높다. 이것이 요점이다. 미래에 대한 예언에 바탕을 둔 전략적 결정은 아무리 많은 연구결과가 뒷받침되더라도 결국 틀린 것이 될 가능성이 높다는 것. 요즘 수많은 기업이 점점 빨라지는 변화 속도 때문에 좌절감을 느끼는 것도 이 때문이다. 그들의 조직 전체, 즉 모델, 전략, 시스템은 예언을 바탕으로 설계되었다. 그래서 미래가 예언대로 되지 않을 때 그들의 조직은 적응을 하지 못한다.

　그렇다면 대안은 무엇인가? 나는 그 대안이 아주 간단하다고 생각한다. 미래를 예언하려고 노력하는 대신, 미래가 어떤 모양이 될지 전혀 모르고 있다는 사실을 인정하는 것이다. 앞으로 무슨 일이 벌어질지 자신이 모르고 있다는 사실을 분명하게 알고 있어야 한다. 그리고 미래에 대한 예언을 중심으로 사업을 구축하지 말고, 많은 이윤을 보장해주지만 예측하지 못했던 기회가 다가왔을 때 거기에 재빨리 적응할 수 있도록 사업을 구축해야 한다. 이렇게 하면 우리는 변화를 두려워하는 대신 환영하게 될 것이다. 그리고 모든 변화가 자신이 잠깐 눈을 돌린 사이 앞으로 달려드는 거대한 트럭으로 보이는 것이 아니라 기회로 보일 것이다.

전략적 기업은 변화를 이용하고 포용하도록 설계된 기업이다. 이 기업의 모든 모델, 전략, 시스템은 우리가 미래를 예측할 수 없다는 원칙을 바탕으로 하고 있다. 우리가 할 수 있는 것은 새로운 기회가 생겼을 때 그 기회를 움켜잡기 위한 준비일 뿐이다. 나는 다음 장들에서 기업을 전략적 기업으로 변화시켜서 점점 빨라지고 있는 변화 속도를 이용하는 데 도움이 되는 새로운 모델, 전략, 시스템을 설명할 것이다.

세계적 현실 2 소비재의 이윤이 줄어들고 있다

세계경제 속에서 소비재의 이윤 폭은 계속 줄어들고 있다. 아니, 붕괴하고 있다. 이는 석유, 보크사이트, 삼겹살 같은 전통적인 소비재에 관한 이야기만은 아니다. 소비재란, 소비자가 보기에 파는 사람이 누구든 똑같아 보이는 물건이나 서비스를 말한다. 이제 여기에는 개인용 컴퓨터, 금융상품, 장거리 전화, 항공여행, 컨설팅 서비스, 농구공, 자선사업 등 수천 가지가 포함된다.

경쟁자가 팔고 있는 것과 기본적으로 똑같은 제품이나 서비스를 파는 기업은 소비재 사업을 하고 있는 것이며, 경쟁에서 이기기 위한 전략은 가격을 낮추는 것밖에 없다. 이윤을 올리는 방법은 효율을 높이거나 비용을 줄이는 것, 아니면 이 2가지를 동시에 달성하는 것뿐이다. 경쟁자 수가 늘어나면 가격을 낮춰야 한다는 압박이 더욱 심해질 것이다. 소비자들은 인터넷 같은 즉각적인 커뮤니케이션 기술을 이용해서 시장에서 가장 좋은 가격을 제시하고 있는 사람이 누구인지 알아낼 수 있기 때문에, 기업은 또 다시 가격을 낮춰야 한다는 압박을 받게 된다. 짧은 기간에 생산비용과 제품가격의 차이(이윤 폭)는 거의 0원이 될 것이다. 이 이야기는 경제학 기초 강의처럼 들리겠지만, 오늘날의 세계경제 체제에서는 상황이 이보다 훨씬 더 나빠지고 있다.

많은 분야에서 기업들은 고객과 장기적인 관계를 맺기 위해 소비재를 무료로 배포하기 시작했다. 전화회사들은 이제 새로운 가입자를 확보하기 위해 전화기를 무료로 나눠준다. 다른 기업들도 호출기, 개인용 컴퓨터, 인터넷 접속, 이메일 서비스 등 여러 가지 소비재를 무료로 제공한다. 따라서 제품 가격은 0이다! 여기에는 이윤 폭이라는 것이 전혀 없다. 사실은 마이너스다. 문제는, 만약 경쟁자 중 한 명이 여러분의 것과 거의 동일한 상품을 무료로 배포하기 시작한다면 여러분은 어떻게 되는가 하는 점이다. 미래에 무슨 일이 벌어질지 누가 알겠는가?(나는 확실히 모른다!) 그러나 어쩌면 기업들이 고객에게 뭔가 더 가치 있는 상품을 팔기 위해 자동차나 집 같은 물건을 무료로 주는 광경을 보게 될지도 모른다. 만약 이런 일이 일어난다면 아무도 자동차나 집을 판매하는 사업체를 경영하고 싶어하지 않을 것이다. 어떤 가격을 내세워도 경쟁이 되지 않을 테니까.

소비재를 팔면서 이윤 폭이 자꾸 줄어드는 기업들은 이른바 소비재의 함정에 빠져 있다. 그들은 상품을 팔 때마다 아주 작은 이윤밖에 올리지 못하기 때문에 혁신적인 연구나 좀 더 효율적인 마케팅 시스템에 투자할 돈을 거의 확보하지 못한다. 게다가 고객들에게 가치 있는 시간을 투자할 동기 유발도 이루어지지 않는다. 결국, 상품을 팔 때마다 겨우 몇 푼밖에 벌지 못한다면 고객들에게 많은 시간을 투자할 수 없게 된다. 그럴 만한 가치가 없기 때문이다. 마찬가지로, 제품에 부가가치를 덧붙이거나 질을 높일 동기 유발도 되지 않는다. 그럴 여유가 없기 때문이다. 이 모든 요인들로 인해 기업은 소비재의 함정에 더욱 깊숙이 빠져들게 된다.

제품우선의 법칙을 기반으로 한 기업들은 소비재의 함정에 빠질 수밖에 없다. 그들은 똑같은 상품을 대량으로 파는 데 희망을 걸고 있기 때문에 새로운 경쟁자가 시장에 진출하면 가격을 낮추는 것 외에 다른 방법이 없다. 경쟁자를 업계에서 몰아내기 위해 생산비용에도 못 미치는 가격을 책정하는 경우도 흔하다. 대부분의 경우 이런 전략은 실패해서 그 기업을 문제의 제품에 고착시키고 소비재의 함정에 영원히 붙들어놓는 결과를 낳는다.

반면 전략적 기업은 결코 소비재의 함정에 빠지지 않는다. 전략적 기업은 고객들에게 독특한 가치를 지닌 상품을 꾸준히 제공함으로써 경쟁자들을 훨씬 앞선다. 경쟁이 없다는 것은 곧 가격경쟁이 없다는 것을 의미한다. 전략적 기업은 경쟁사가 제품 가격을 후려칠지도 모른다는 걱정을 할 필요 없이, 시장이 감당할 수 있다고 판단되는 가격을 책정할 수 있다. 이러한 전략적 기업과 관계를 맺고 있는 고객들은 여기저기를 기웃거리며 가격을 비교하는 경우가 거의 없다. 그들은 전략적 기업과 맺은 관계에 충성심을 바치고 있기 때문에 자신들이 제공받는 물건의 가치에 합당한 가격을 기꺼이 지불할 준비가 되어 있다.

전략적 기업은 이런 식으로 건전한 이윤을 올리며, 혁신적인 아이디어에 돈을 투자하고, 고객들과의 관계를 더 돈독히 할 수 있다. 전략적 기업은 또한 이윤으로 거둬들인 돈을 이용해서 미래에 훨씬 더 좋은 기회를 움켜잡을 수 있는 능력을 배양하는 데 투자할 수 있다. 이러한 투자는 미래에 훨씬 더 많은 이윤을 가져다줄 것이다. 나는 건전한 이윤 폭을 확보함으로써 가능해진 이러한 지속적인 발전 상태를 이윤 폭 증식기라고 부른다. 이것은 소비재의 함정과 정반대다. (다음 장들에서 소비재의 함정을 뚫고 나와 이윤 폭 증식기를 최대한 이용하는 데 도움이 되는 모델, 전략, 시스템에 대해 설명하겠다.)

세계적 현실 3 고객이 시장을 지배한다

나는 《디지털 시대의 글로벌 마케팅Global Marketing for the Digital Age》이라는 책을 쓸 때, 우리 동네에 있는 카페에서 많은 시간을 보냈다. 그 가게는 10년도 넘게 번창하고 있었다. 그 가게 주인인 테렌스가 한번은 내게 이렇게 물었다. "왜 제가 세계화에 대해 걱정해야 하죠? 이 동네에는 우리 단골이 많아요. 난 전 세계에 가게를 차릴 생각도 없고요. 세계화가 저와 어떤 관계가 있다고는 생각지 않아요."

처음에는 그 말에 일리가 있다고 생각했다. 나는 세계화라는 것은 모든 분야의 산업에서 경쟁이 증가한다는 의미임을 알고 있었다. 그러나 테렌스처럼 작은 가게를 경영하는 사람은 어쩌면 그 영향을 받지 않을 수도 있었다. 그의 고객들은 그 가게만 고집하는 사람들이었다. 많은 고객들에게 테렌스의 가게는 제2의 집이나 마찬가지였다. 나는 무슨 일이 일어나도 카페인을 미친 듯이 좋아하는 그의 골수 단골들은 변하지 않을 것이라고 생각했다.

그러나 테렌스와 나의 생각은 틀린 것이었다. 그 뒤 6개월 동안 체인점으로 운영되는 카페 세 곳이 근처에 문을 열었다. 테렌스의 단골들은 처음에는 충성을 맹세하면서 적의 영토에서 라테나 카푸치노를 마시는 일은 결코 없을 것이라고 단언했다. 그러나 시간이 흐르면서 많은 사람이 서서히 새로운 카페로 옮겨가기 시작했다. 커피 종류가 더 많고 맛이 좋기 때문이었다. 테렌스의 수입과 이윤은 급격하게 감소했다. 그의 가게를 매력적인 곳으로 만들어주던 사랑방 같은 분위기 역시 사라졌다. 세계화의 기다란 팔이 닿은 곳에서 또 하나의 희생자가 생긴 것이다.

세계화와 관련된 테렌스의 이야기에는 우리 모두를 위한 교훈이 담겨 있다. 그중에서도 가장 중요한 것은 국경을 넘나들며 경쟁이 이루어지는 우리 시대에 고객들의 충성심은 이미 사라졌다는 것이다. 무슨 일이 있어도 단골들이 굳건히 버텨줄 것이라고 믿을 수 있던 시절은 과거가 되었다. 요즘은 좀 더 좋은 제품이나 서비스가 등장하면 고객들은 마치 가라앉는 배에서 도망치는 벌레들처럼 그쪽으로 달아나버릴 것이다. 환율이 크게 달라진다면 국내 소비자들은 싼 물건을 사기 위해 즐겁게 국경을 넘어가고 국내 상인들은 곤경에 빠질 것이다. 만약 새로운 기술이 시장에 등장한다면, 소비자들은 재빨리 기존 장비를 버리고 반짝이는 새 기계를 들여놓을 것이다.

고객들의 충성심이 이렇게 사라진 이유는 무엇일까? 여기에는 2가지 이유가 있다고 생각한다. 첫째, 대부분의 생산자들이 소비자에게 한 번도 의리를 지키지 않았다. 대부분의 기업은 소비자에게 입에 발린 말을 늘어놓지만, 실제로는 금방 가게 문을 열고 들어온 사람과 오랫동안 가게를 찾아주던 단골을 똑같이 취급한다. 게다가 그들은 단골손님을 당연히 있는 존재로 치부해버리고, 새로운 손님을 끌어들이는 데에만 시간과 에너지를 쏟는다.

둘째, 오늘날의 소비자는 생산자보다 훨씬 더 힘이 세다. 시장의 조건을 정하는 것은 생산자가 아니라 소비자다. 산업시대에는 사정이 정반대였다. 그때는 생산자가 한정되어 있고, 사람들은 제품에 굶주려 있었다. 가격을 정하고, 제품 배달 날짜를 정하고, (품질 보증이 있는 경우) 그 조건을 정하고, (옵션이 있는 경우) 옵션 종류를 정하는 것은 바로 생산자였다. 산업시대에는 생산자들이 칼자루를 쥐고 있었다. 그러나 요즘은 소비자가 시장을 지배한다. 선택할 수 있는 상품이 사실상 무한히 많고, 소비자가 시장 정보에 접근할 수 있는 기회도 점점 늘어나 취향 역시 훨씬 더 세련되고 세계적이다. 게다가 예전보다 더 변덕스럽다. 뭔가 더 좋은 물건이 등장하면, 요즘 소비자들은 순식간에 그것을 낚아챈다. 소비자들이 원하는 것은 품질과 가격이 최고의 조건으로 조합된 제품일 뿐 그 물건을 제공하는 것이 어디의 누구인지는 중요하지 않다. 만약 탄자니아에서 더 싼 제품을 구할 수 있다면, 그곳에서 물건을 살 것이다. 만약 중국에서 더 좋은 제품을 구할 수 있다면, 그곳으로 갈 것이다. 이 모두가 단순한 거래일 뿐이니까. 그렇지 않은가.

생산자보다 소비자의 힘이 커지고 있다는 것은 모든 기업에 의미심장한 영향을 미친다. 만약 제품을 중심에 둔 기업이라면, 관계를 맺고 있던 고객의 이탈률이 증가할 것이다. 만약 고객들이 그 기업과 관계를 맺은 이유가 순전히 제품 때문이라면, 다른 기업의 제품이 더 마음에 드는 순간 그 기업을 버릴 것이다. 다시 한 번 기회를 주는 일은 없을 것이다. 제품을 중심으로 삼은 기업은 고객을 잃어버리는 일을 피할 수 없다. 끊임없이 변화가 일어나고, 고객들의 취향이 순간적으로 바뀌고, 새로운 기술이 앞서거니 뒤서거니 등장하는 시대에는 조만간 더 좋은 제품이 나타나서 고객들을 유혹하기 마련이다.

그러나 전략적 기업은 관계우선의 법칙을 바탕으로 하고 있기 때문에 소비자의 힘이 점점 증가하는 것을 걱정하지 않는다. 사실 전략적 기업의 임무는 소비자에게 더 많은 힘을 부여하는 것이다. 소비자에게 힘을 주고, 더 많은 선택권을 주고, 더 많은 정보를 주고, 그들의 변화하는 취향과 기분에 보조를 맞추는 것이다. 전략적 기업은 소비자에게 끊임없이 독특한 가치(UV)를 지닌 제품을 제공하며 장기적인 관계를 맺음으로써 그들에게 힘을 부여한다. 고객이 무엇을 원하든, 전략적 기업은 그들이 그것을 손에 넣을 수 있게 헌신적으로 돕는다. 만약 고객이 경쟁사의 제품을 원한다면, 전략적 기업은 그가 그 제품을 구할 수 있게 도와준다. 만약 고객이 모잠비크에 있는 어떤 물건을 사고 싶어 한다면, 전략적 기업은 그 장거리 거래를 실현해준다. 전략적 기업은 고객이 도움, 정보, 조언, 능력 등을 원할 때마다 나타나서 도와준다. 전략적 기업은 소비자에게 더 많은 힘을 줄수록 더 좋아진다. 전략적 기업은 목소리 큰 소비자가 있음에도 불구하고 성공하는 것이 아니라, 그런 소비자 때문에 성공하는 것이다.

세계적 현실 4   잠재고객과 접촉하기가 어렵다

사람들은 내게 영업과 마케팅의 차이가 무엇인지 설명해달라고 한다. 내 생각에 영업은 역동적인 활동이다. 영업사원은 고객보다 한 발 앞서서 임의로 전화를 걸거나 대문을 두드린다. 반면 마케팅은 사람의 마음을 끌어들이는 활동이다. 마케팅 담당자는 물건을 팔기 위해 무작정 고객을 찾아가지 않고, 대신 고객이 될 가능성이 있는 사람들의 전화를 받는다. 마케팅 담당자는 고객의 대문을 두드릴 필요가 없다. 사람들이 그를 찾아오기 때문이다. 나라면 영업 사원이 되기보다는 마케팅 담당자가 될 것이다. 나라면 평생 동안 시큰둥한 사람들을 상대로 물건을 팔기 위해 이런저런 말을 늘어놓기보다는 고객이 나를 찾아오게 할 것이다. 나는 〈세일즈맨의 죽음〉에 나오는 불쌍한 주인공 윌리엄 로먼처럼 인생을 끝내고 싶지 않다.

놀랍게도 대부분의 기업은 시간, 노력, 돈 중 최고의 것들을 영업에 투자하지만 마케팅에는 거의 투자하지 않는다. 내가 경영하는 비숍 인포메이션 그룹이 지속적으로 실시하고 있는 조사에 따르면, 영업에 대한 투자비중은 평균 80%이고 마케팅 투자비중은 20%다. 아무리 봐도 마케팅이 더 이상적인 것 같은데, 왜 기업은 영업에 이렇게 초점을 맞추고 있을까? 여기에는 3가지 이유가 있다.

첫째, 대부분의 기업이 영업에 초점을 맞추는 것은 영업이 마케팅보다 훨씬 빨리 결과를 만들어내기 때문이다. 고객에게 임의로 전화를 걸거나 집으로 찾아가 대문을 두드린다면, 곧바로 물건을 팔 수 있을지도 모른다.

둘째, 대부분의 기업이 영업에 초점을 맞추는 것은 마케팅을 비용으로 간주하기 때문이다. 그들은 광고, 홍보, 웹사이트, SNS 마케팅, 전시회 등 여러 가지 마케팅 도구에 지출되는 돈을 경비로 간주한다. 어쩌면 꼭 필요한 지출일 수도 있지만, 어쨌든 지출임에는 틀림이 없다. 이처럼 마케팅을 지출로 보기 때문에 기업들은 본능적으로 마케팅 비용을 최소화하려 한다. 그래서 장기적으로는 마케팅에 드는 비용이 더 적다는 사실을 증명할 수 있는데도, 기꺼이 영업에 돈을 더 쓴다.

셋째, 역동적인 영업사원이 이 집 저 집 대문을 두드리며 다니는 광경은 가장 생명이 긴 산업시대의 상징 중 하나다. 사실 이런 이미지는 일종의 전설이다. 기업이 훌륭한 제품을 만들면, 영업사원은 고객을 찾아 고독한 여정에 나선다. 수많은 시련과 고난을 겪은 후 전투에 지친 그는 그 동안의 판매실적을 들고 돌아와 영웅처럼 환영을 받는다. 거의 200년 동안 우리 곁에 있었던 이 전설을 저버리는 일은 거의 상상할 수 없다. 많은 기업에서 영업의 역할과 효율에 대해 의문을 표시하는 일이 신성모독처럼 받아들여지는 것은 이 때문이다.

그러나 이제는 영업사원의 역할이 반드시 바뀌어야 한다. 잠재고객과 접촉하기가 점점 더 힘들어지고 있기 때문이다. 점점 더 많은 영업사원들이 실제로 그렇게 말하고 있다. 심지어 잠재고객에게 제품을 설명하는 말을 제대로 들려주기도 힘들다. 역사적인 시각에서 이 문제를 살펴보자.

산업시대에는 사람들이 영업사원의 말에 기꺼이 시간을 할애했다. 그때는 삶의 속도가 지금보다 느렸고, 사람들에게 전달되는 정보의 양도 훨씬 적었으며, 소비자들은 영업사원의 전화나 방문을 지금처럼 적극적으로 막지 않았다. 정보가 부족했기 때문에 사람들은 사실상 새로운 제품에 대해 더 많은 것을 알고 싶어 했다. 산업시대의 전성기는 곧 영업사원들의 전성기였다.

오늘날의 상황은 당연히 크게 다르다. 소비자들은 어디서든 TV, 라디오, 잡지, 신문, 영화, 인터넷, 이메일, 우편 광고물, 광고판, 텔레마케팅 등을 통해 끊임없이 광고의 공격을 받는다. 그 결과 요즘 소비자들은 감각기관의 과부하로 고생하고 있다. 불필요한 상품 광고를 차단하는 것만이 유일한 방어수단이다.

또한 요즘 소비자들은 산업시대의 소비자들보다 훨씬 더 바쁘기 때문에 집에서나 일터에서나 전력을 쏟아내야만 한다. 그들에게는 상품 광고에 귀를 기울일 시간이 많지 않다. 게다가 그들은 넌더리를 내고 있다. 상품 광고라고 해봤자 이미 다 들어본 말이다. 그런 말을 워낙 많이 들어봤기 때문에 영업사원이 주절주절 늘어놓는 말을 잘라버리는 기술도 노련해졌다.

마지막으로, 요즘 소비자들은 자기 방어를 위해 상품 광고를 차단할 수 있는 도구를 많이 가지고 있다. TV 채널을 쉽게 바꿀 수 있는 리모컨, 광고차단용 프로그램이나 앱, 발신자 표시, 이메일 필터, 열성적인 영업사원을 거절하는 방법을 훈련받은 개인비서… 영업사원이 잠재고객과 접촉하기 위해 새로운 기술을 더 많이 사용하는 만큼, 소비자도 영업사원을 막기 위해 새로운 기술을 더 많이 사용하고 있다는 사실이 얄궂다.

최근 나는 기업들이 소비자와 접촉하기가 얼마나 어려운지 직접 경험했다. 동네 슈퍼마켓에 들렀을 때, 클립보드를 든 젊은 여성 한 명이 내게 다가와 말했다. "20분만 시간을 내서 저희 가게에 대한 설문조사에 응해주시겠어요?" 아이가 둘에, 경영해야 하는 사업체도 있고, 정신없는 스케줄에 시달리고 있는 내가 할 수 있는 대답은 하나뿐이었다. "아뇨, 나는 설문조사에 응할 20분이라는 시간이 없습니다. 설사 내게 그런 시간이 있다 해도 그걸 작성해서 내가 얻는 게 뭐죠? 내가 나 자신에 대한 온갖 소중한 정보를 당신한테 알려주고 얻는 게 뭐냔 말입니다."

이 질문에 그녀는 매우 당황했지만 용감하게 대답했다.

"글쎄요, 언젠가 미래에 선생님이 저희에게서 더 좋은 서비스를 받으실 수 있겠죠." 그녀의 빠른 머리회전이 인상적이었지만, 대답 자체는 별로 인상적이지 않았다. 그 슈퍼마켓은 언젠가 먼 미래에 막연한 보너스를 주겠다는 조건으로 내게 중요한 것(나 자신에 대한 정보)을 내어달라고 요구하고 있었다.

나는 그냥 내 볼일을 보면서 이런 생각을 했다. "물건 값을 20달러 할인해준다거나 뭐 그런 가치 있는 제안을 내놓을 생각을 왜 하지 않는 걸까? 저 사람들이 나한테서 원하는 정보가 적어도 그 정도 가치는 있는 건 아닌가?" 그 회사는 내게 보상을 제시하지 않았기 때문에 나를 설득하지 못했다. 영업사원과 마찬가지로 그 설문조사원도 잠재고객인 내 마음을 두드리지 못했다. 내가 너무 바쁘고, 너무 정신이 없고, 설문조사에 넌더리를 내고 있었기 때문이다.

기업과 잠재고객 사이에 장벽이 점점 높아지는 것은 기업에 심각한 의미를 지닌다. 잠재고객에게 영업활동을 제대로 할 수 없다면, 고객과 새로운 거래관계를 맺을 수 없다. 잠재고객과 접촉하기가 더욱 힘들어지면서 기업은 점점 더 고립될 것이다. 영업을 위한 모든 노력은 많은 돈을 잡아먹고 더욱 많은 좌절감을 안겨줄 뿐 아무런 성과도 거두지 못할 것이다.

제품우선의 법칙에 매달리는 기업들은 이런 추세에 특히 심한 타격을 받을 것이다. 제품에 초점을 맞추는 기업일수록 영업에 더욱 힘을 기울여 자신의 제품에 대해서, 자신이 경쟁사보다 훨씬 더 낫다는 점에 대해서 계속 지루하게 말을 늘어놓을 것이다. 그러면 소비자들은 점점 귀를 닫고 멀어질 것이다.

오늘날 영업은 고객과 새로운 관계를 구축하는 데 더 이상 효과적인 방법이 되지 못한다. 뭔가 다른 방법이 있어야 한다. 이번에도 역시 답은 간단하다. 맨 처음 영업과 마케팅을 시작할 때 사람들을 '끌어들이기' 위해 뭔가 가치 있는 것을 무료로 나눠주는 방법.

나는 이것을 끌어들이는 마케팅attractor marketing이라고 부른다. 역동적인 영업활동 대신 진정한 가치가 있는 것을 제공해 잠재고객을 유혹하는 방법이다.

제공하는 가치가 클수록 잠재고객은 더욱 매력을 느낄 것이다. 어쨌든 관계를 구축하려고 애쓰는 쪽은 바로 기업이므로 잠재고객에게 처음부터 뭔가 가치 있는 것을 제시하는 일도 기업의 몫이다. 단순한 영업활동뿐이라면 잠재고객은 십중팔구 흥미를 보이지 않겠지만, 뭔가 가치 있는 것을 제시한다면 더 많은 관심을 보일 것이다. (다음 장들에서 이 마케팅 방법에 대해 더 자세하게 설명하겠다.)

시장과 유통 경로가 세분화되고 있다

산업시대에는 제품을 팔 수 있는 시장(대규모 시장)이 하나밖에 없었고, 제품을 유통시킬 수 있는 방법도 몇 가지밖에 없었으며, 제품을 홍보할 수 있는 장소도 몇 군데 되지 않았다. 이때의 마케팅 계획은 아주 단순했다. 그러나 지금은 마케팅 계획을 짜는 것이 악몽 같은 경험이 될 수 있다. 잠재적인 시장이 수천 군데나 되고, 유통 방법도 수없이 많으며, 제품을 홍보할 수 있는 방법도 엄청나기 때문이다. 이처럼 시장과 유통 경로business channel가 분화되는 현상은 제품우선의 법칙에 기반을 둔 기업에게 좌절감을 안겨주는, 빠르게 변하는 세상의 또 다른 예다.

이러한 시장과 유통 경로의 분화에 대처하기 위해 기업인들은 세분화 마케팅이라는 개념을 받아들이기 시작했다. 기업인들은 이제 시장의 '세분화'에 대해 이야기한다. 시장의 세분화란 소비자를 부유한 투자자, 주택 소유자, 학부모 등 분명하게 구분되는 집단으로 나누는 것을 말한다. 세분화 전략의 목적은 뚜렷하게 구분되는 소비자들의 집단을 하나 선택해서 그 집단의 특수한 욕구를 파악하고 독특하게 '세분화된' 제품, 유통경로, 홍보수단 등을 이용해서 그

욕구를 충족시켜주는 것이다. 예를 들어, 대학에서는 학부모들을 위해 특별한 교육 지침서를 만들 수 있다. 이 대학은 기존 교육자료를 한데 모아 학생들과 학부모들의 욕구에 맞춘 학습자료를 만들 것이다. 그리고 이를 학부모를 대상으로 하는 상점에 유통시키며, 학부모를 대상으로 하는 잡지와 웹사이트를 통해 홍보할 것이다.

세분화 마케팅을 시험하는 기업들은 점점 늘어나고 있다. 그러나 불행히도 대부분 이 작업을 위한 준비가 제대로 갖춰져 있지 않다. 이들의 전략과 시스템이 모두 제품우선의 법칙을 기반으로 하고 있기 때문이다. 예를 들어, 제1장에서 만나보았던 트리니티 기어 및 피스톤봉을 살펴보자. 제품우선의 법칙을 중심으로 하고 있는 트리니티는 트리니티 1000 티타늄 합금 어셈블리 유닛이라는 새로운 제품을 개발하기 시작했다. 그리고 트리니티는 마케팅 부서에 이 제품의 고객들을 찾아달라고 말했다.

마케팅 담당자들은 이 신제품 판매를 위한 팸플릿을 만들어서 기존 고객들과 고객이 될 가능성이 있는 제조업 기술자들에게 보냈다. 이들의 반응은 미지근했다. 그래서 마케팅 담당자들은 2개로 세분된 집단, 즉 자동차 부품 제조업체와 소비재 제조업체를 겨냥하기로 했다. 그리고 거기서 한 걸음 더 나아가 첫째 집단을 대형 자동차 부품 제조업체와 중형 자동차 부품 제조업체로 다시 나누었다. 트리니티는 이 집단들의 요구에 맞춰 제품을 따로 만들었고, 독특한 유통 경로를 선택한 다음 각각의 집단을 대상으로 하는 업계 전문지에 별도의 광고를 실었다.

주문이 들어오기 시작할 때까지만 해도 이 회사의 세분 마케팅 프로그램은 완벽하게 진행되고 있었다. 대부분의 고객들은 자신에게 맞게 조정된 제품을 원했다. 자신의 특별한 사양에 맞춘 티타늄 합금 어셈블리 유닛을 원했다는 뜻이다. 그런데 주문서가 제조공장에 발송되자 난리가 났다. 트리니티 직원들, 장비, 컴퓨터 시스템 등은 이만한 분량의 주문 생산 요구를 처리할 능력이 없었다. 납품날짜가 거듭 연기되었고, 제품당 생산물량이 줄어들면서 비용이 치솟았다. 분노와 짜증이 공장을 가득 채웠고, 영업부는 마구 화를 냈으며, 고객들은 실망했다. 제품의 질도 떨어졌다. 시장과 유통경로의 세분화라는 세계적 현실이 시대에 뒤떨어진 제품 중심 시스템과 충돌해 추락해버린 사례다.

(내가 밀접하게 관여했던 실제 사례 수십 개를 바탕으로 한) 트리니티의 이야기는 오늘날 대다수 기업들이 직면한 어려움을 잘 보여준다. 기업들이 대량 마케팅에서 세분화 마케팅으로 이동해감에 따라 이들의 전략과 시스템은 점점 시대에 뒤떨어진 것이 된다. 궁극적인 세분화(1:1 마케팅)를 감당할 준비도 전혀 되어 있지 않다. 이들은 고객별 주문생산을 해낼 능력이 없다. 개별화된 유통 경로에 대처하거나 개별화된 홍보 프로그램을 충돌 없이 다룰 능력도 없다.

반면 전략적 기업은 시장과 유통 경로가 분화된 세상에서 성공할 수 있는 구조를 지니고 있다. 전략적 기업은 자체 전략과 시스템 덕분에 고객 각자에게 독특한 가치를 지닌 제품을 제공할 수 있다. 전략적 기업은 제품이라는 개념을 버리고 가치 요소라는 개념을 끌어안았다. 이 기업이 갖고 있는 모든 제품, 서비스, 아이디어, 정보, 능력 등은 각각의 가치 요소로 다듬어졌다. 이 기업의 임무는 자신이 겨냥한 특정 고객 집단을 위해 가치 요소를 끊임없이 추가하는 것이다. 이 기업의 시스템은 즉각적인 커뮤니케이션 기술을 이용해서 고객이 이 요소들을 쉽게 조합할 수 있게 해준다. 전략적 기업은 시장과 사업 경로가 계속 분화돼서 나중에는 고객 한 사람 한 사람이 각자의 독특한 유통 경로와 독특한 커뮤니케이션 방법을 지닌 독특한 시장이 될 것이라는 점을 이런 식으로 인식하고 있다. (다음 장들에서 시상과 사업 경로가 분열된 시대에 성공할 수 있는 전략과 시스템을 어떻게 설계해야 하는지 설명하겠다.)

세계적 현실 6 제품의 라이프사이클이 짧아지고 있다

산업혁명 기간에는 제품의 '라이프사이클'이라는 개념이 존재하지 않았다. 19세기와 20세기 초의 제품들, 예를 들어 구두, 아이스박스, 셔츠, 자동차, 막대사탕 등은 영구적인 수명을 지닌 것처럼 보였다. 생산자들 거의 아무런 변화도 가미하지 않은 똑같은 상품을 해마다 계속 만들어내도 아무런 문제가 없었다.

제품이 유한한 수명, 즉 라이프사이클을 갖고 있다는 생각이 등장한 것은 겨우 몇십 년 전이다. 세 가지 주요 트렌드, 즉 변화 속도가 빨라지고, 경쟁이 심해지고, 즉각적인 커뮤니케이션이 가능해졌다는 사실이 이 개념을 낳았다. 이 세 트렌드는 제품이 시장에서 생명을 유지할 수 있는 시간을 줄여버린다. 기업들은 새로운 기술, 새로운 아이디어, 새로운 소비자 동향에 보조를 맞추기 위해 제품을 변화시킬 수밖에 없다. 또 경쟁에서 이기기 위해 제품과 서비스를 끊임없이 향상시켜야 한다. 여기에 즉각적인 커뮤니케이션은 이색적이고 신기한 것에 대한 소비자들의 욕구를 더욱 부추기고 있다. 오늘날의 시장에서 몇 달, 몇 년 동안 똑같은 제품만으로 버티는 것은 불가능하다. 우리는 매년, 매달, 매일, 매시, 매분 뭔가 새로운 것을 계속 만들어내야 한다.

제품 수명의 단축은 제품우선의 법칙을 따르는 기업에 좌절감을 안겨준다. 그런 기업은 판매기간이 긴(대량판매) 제품에 맞게 조직되어 있기 때문이다. 이들의 시스템은 탄생, 성장, 성숙, 죽음의 과정을 순식간에 거치는 제품을 감당할 수 없기 때문에, 어쩔 수 없이 새로운 제품을 내놓을 때마다 혼돈이 뒤따른다. 생산 장비, 컴퓨터 시스템, 마케팅 자료, 제품 유통방법, 영업활동 등을 모두 뜯어고쳐야 하기 때문이다. 커다란 여객선을 모터보트처럼 만들려고 애쓰는 것과 같다.

우리가 21세기 속으로 더욱 깊숙이 들어감에 따라, 제품의 라이프사이클은 점점 짧아져서 모든 제품이 독특한 특징을 지닌 주문생산품이 될 것이고 궁극적으로는 라이프사이클이 0이 될 것이다. 제품의 라이프사이클이라는 개념 자체가 시대에 뒤떨어진 것이 된다.

이런 세상에서는 제품우선의 법칙을 따르는 기업들 역시 시대에 뒤떨어진 존재가 될 것이다. 그들은 소비자의 기대에 맞춰 재빨리 독특한 제품을 생산해내지도 못할 것이고, 생명을 유지할 수 있을 만큼 충분한 이윤을 올리지도 못할 것이다.

제품의 수명 단축이라는 현실에 스포트라이트를 비춰보기 위해 세계 최대의 개인용 컴퓨터 제조업체 중 하나인 지구라트 인코포레이티드의 사례를 살펴보자. 지구라트는 컴퓨터 업계의 선구자로 수십 년 동안 개인용 컴퓨터 시장에서 선도적인 위치에 있었다. 지구라트는 개인용 컴퓨터의 개발, 제조, 유통, 마케팅을 위한 효율적인 시스템을 갖고 18개월마다 신제품을 시장에 내놓았으며, 소비자들은 소수의 선택된 소매상, 컴퓨터 컨설턴트 등을 통해 지구라트의 컴퓨터를 구입하거나 지구라트의 최신식 웹사이트를 이용해서 지구라트 제품을 구입할 수 있었다.

사람들이 보기에 지구라트는 잘해나가고 있는 것 같았다. 그러나 지난 5년 동안 지구라트는 프로제니터 피시즈 인코포레이티드라는 신생기업과 치열한 경쟁을 벌여야 했다. 소비자들은 주문생산된 개인용 컴퓨터를 믿을 수 없을 만큼 낮은 가격으로 며칠 만에 배달해주는 프로제니터로 대거 옮겨가버렸다. 개인용 컴퓨터를 구입하려는 사람들은 프로제니터의 웹사이트에 접속해서 자신의 요구에 맞춘 개인용 컴퓨터를 주문할 수 있다. 프로제니터의 창고는 소비자가 요구한 부품들을 재빨리 조립해 배송할 수 있게 조직되어 있다.

프로제니터의 적시납품 및 1대1 거래 모델은 지구라트 인코포레이티드의 대들보를 뒤흔들어놓았다. 소비자들은 프로제니터에서 자기만의 독특한 컴퓨터를 만들 수 있게 되자 미리 조립이 돼서 나오는 지구라트의 개인용 컴퓨터에 예전만큼 흥미를 보이지 않았다. 지구라트는 좀 더 자주 신제품을 내놓는 것으로(즉 제품 라이프사이클을 줄이는 것으로) 이에 대응했지만, 많은 것을 알고 있는 개인용 컴퓨터 구매자들을 만족시키기에는 부족했다. 소비자들은 자기만의 컴퓨터를 원했다.

지구라트는 프로제니터의 사업 모델을 채택하려는 생각도 했으나 제품 중심 시스템이 너무나 확고해서 변화가 쉽지 않았다. 예를 들어 지구라트의 유통 시스템은 전 세계에 퍼져 있는 100개 이상의 창고들로 구성돼 있었다. 이 창고들은 똑같은 종류의 컴퓨터를 대량으로 저장하고 있다가 소매상에 보낼 수 있도록 설계되었다. 소비자의 주문대로 컴퓨터를 조립해서 배송할 수 있는 시스템이 아니었다. 게다가 지구라트의 다른 시스템들, 즉 제조, 재정, 마케팅과 기업 전체의 문화 역시 주문생산을 감당할 수 없었다. 이처럼 모든 전략과 시스템이 제품우선의 법칙 위에 확립되어 있었기 때문에 지구라트는 프로제니터가 채택한 발 빠른 시스템 앞에서 무력했다.

지구라트의 곤경은 우리에게 2가지를 가르쳐준다. 첫째, 지구라트가 제품의 라이프사이클을 아무리 짧게 줄여도, 신속하고 경제적으로 배송되는 주문생산 제품을 원하는 소비자의 수요를 만족시킬 수 없을 것이다. 둘째, 기업의 전략과 시스템이 제품우선의 법칙을 중심으로 만들어졌다면, 효율적인 기업 운영을 위해 그 전략과 시스템을 철저하게 뜯어고쳐야 한다. 반드시 전략적인 기업이 사용하는 관계우선의 법칙을 중심으로 시스템을 설계해야, 개인의 요청에 맞춰 독특한 가치를 지닌 상품을 제공하면서도 이윤을 올릴 수 있을 것이다. (다음 장들에서 이러한 시스템을 개념화하고 구축하는 방법을 설명하겠다.)

세계적 현실 7 　기술이 중추적인 역할을 한다

산업시대에 대부분의 기업은 순차적 방식으로 활동했다. 시장조사 단계가 끝나면 기술적인 단계가 오고, 그 뒤로는 제조, 홍보, 영업, 유통, 재정, 고객 서비스 등이 이어졌다. 기업의 부서들은 어떤 프로젝트가 한 단계에서 다음 단계로 진행됨에 따라 나름대로 독특한 방법으로 맡은 바 임무를 처리했다. 예를 들어 제조 부서는 자체적인 공정과 기술을 이용하고, 마케팅 부서는 완전히 다른 과정과 기술을 이용하는 식이다. 이때의 기업들은 각 부서가 각자만의 독특한 문화와 언어를 지닌 다른 나라처럼 행동하는데도 성공할 수 있었다.

그러나 이러한 단계적인 모델은 오늘날의 기업환경 속에서는 시대에 뒤떨어진 것이 되었다. 컴퓨터 네트워크가 등장한 이래로 기업 활동은 3차원적인 과정이 되었다. 오늘날 기업의 모든 활동은 동시에 이루어진다. 기업의 부서들은 성공을 위해 힘을 합쳐 일하면서 정보를 공유하고 팀의 일부가 되어야 한다. 기술이 그토록 중요해진 것은 그 때문이다. 훌륭하게 설계된 정보기술IT 시스템이 있으면, 성공 가능성이 더 높아진다. 독특한 가치를 지닌 상품을 더 빠르게, 더 훌륭하게, 그리고 개인의 욕구에 맞춰 제공할 수 있기 때문이다. IT 시스템이 형편없다면, 독특한 가치를 지닌 제품을 제공하기 어려워질 것이고, 이윤을 올릴 수 있는 기회가 등장해도 그 기회를 잡을 수 없을 것이다.

나는 기업의 IT 시스템에 대한 전략적 시스템 감사를 실시할 때마다 오늘날 기업에서 기술이 중추적 역할을 하고 있음을 새삼 느끼곤 한다. 나는 감사를 실시할 때 그 기업의 기술이 마케팅 목표를 얼마나 뒷받침해주는가를 살피는데, 이를 위해 기업에 묻는 질문은 이런 것들이다. 이 시스템 덕분에 고객들과 쉽고 빠르게 소통할 수 있는가? 이 시스템 덕분에 직원들이 '가치 있는 제품을 만들어내고 제공하는 것'과 같은 고부가가치 활동에 대부분의 시간을 할애할 수 있는가? 아니면 직원들이 '정보의 기계적인 수집, 처리, 유통'과 같은 가치가 낮은 활동에 대부분의 시간을 할애하고 있는가? 만약 직원들이 가치가 낮은 활동에 대부분의 시간을 쓰고 있다면, 그 회사의 IT 시스템은 부적절한 것이다. 만약 직원들이 관계의 구축과 창조적인 활동에 대부분의 시간을 집중할 수 있다면, 그 회사의 IT 시스템은 효과를 발휘하고 있는 것이다.

그러나 감사결과를 보면 대부분 기업들은 형편없이 설계된 IT 시스템을 갖고 있다. 시스템이 심각하게 산발적으로 분리되어 있는 경우가 많다. 서로 소통이 불가능한 여러 개의 데이터베이스가 기업 전체에 흩어져 있고, 부서마다 제각기 다른 소프트웨어를 이용하는 식이다. 따라서 회사 전체가 데이터를 공유할 수 없다. 정보의 단절은 기업의 생산성을 심각하게 저해하며 변화에 신속하게 대응하는 능력에도 문제가 생긴다.

지금까지의 감사경험을 통해 나는 대부분의 IT 시스템이 분산되어 있는 이유를 3가지로 추론할 수 있었다. 첫째 이유는 역사적인 뿌리를 갖고 있다. 컴퓨터 네트워크 시대가 도래하기 전에 대부분의 개인용 컴퓨터는 독립적인 개체였다. 기업에서 전산처리가 점점 중요해짐에 따라 부서들은 자신이 맡고 있는 특정 임무를 처리하기 위한 소프트웨어를 개발했고 이 소프트웨어들은 그 부서의 네트워크가 되었다. 그런데 기업의 컴퓨터 전부를 네트워크로 연결할 수 있게 되고 그러한 네트워크가 반드시 필요해지자 각 부서의 시스템이 서로 충돌을 일으켰다. 당연히 이 시스템들은 서로 호환되지 않았다. 그것은 마치 오랫동안 고립되어 있던 봉건 영지들이 갑자기 규모가 더 큰 국가의 일부가 될 것을 강요받는 것과 같은 상황이다. 따라서 어떤 기준을 채택할 것인지, 어떤 소프트웨어 프로토콜을 회사 전체에서 사용할 것인지를 놓고 전투가 벌어졌다. 각 부서에서는 당연히 자신이 사용하던 방식을 열렬하게 옹호했으므로 좀처럼 결정이 내려지지 않았다. 고위 경영진은 모든 IT 시스템을 하나로 통합할 수 있는 지도력이 없었다.

대부분의 IT 시스템이 분산된 둘째 이유는 이 시스템들이 특정한 기술을 중심으로 구축됐다는 것이다. 나는 이것을 기술우선의 접근방법이라고 부른다. 이 접근방법을 이용하는 기업은 특정한 소프트웨어와 하드웨어를 선택해서 이들을 중심으로 시스템을 구축한다. 이 회사는 내장된 기능이 수천 종류인 자기만의 소프트웨어 프로그램을 독점해서 사용할 수도 있고, 웹, 자바, 리눅스 등 언론의 헤드라인을 장식하는 기술 중 하나를 중심으로 시스템을 구축할 수도 있다.

이러한 기술우선의 접근방법의 문제는, 기업의 전체적인 목표와 전략이 기술에 비해 단역배우와 같은 역할을 한다는 점이다. 이 방법을 사용할 때는 기술의 잠재력이 기업의 잠재력을 결정한다. 역으로, 기술의 한계가 기업의 한계가 되기도 한다. 이런 상황에는 기술자가 주인이 되고 기업의 전략가는 단순한 추종자가 되어버린다. 나는 이런 경우를 수도 없이 목격했다.

한 가지 예를 들어보자, 내 고객 중에 POS(판매 관리 시스템) 데이터베이스에 이메일 주소를 위한 필드를 추가하려던 사람이 있었다. 이 필드를 새로 추가하기 위해 그는 소프트웨어 개발자에게 공식 요청서를 보내고 3,000달러를 지불한 후 자신의 요청이 소프트웨어 개발자의 업그레이드 심사를 통과했는지 여부를 알 때까지 몇 달을 기다려야 했다. 그녀가 이런 곤경에 빠진 것은 10년 전에 소프트웨어를 구입할 때 기술우선의 접근방법을 채택했기 때문이다. 당

관계우선의 법칙

시 그는 그 소프트웨어가 자신에게 필요한 일들을 모두 처리해줄 것이라고 생각해서 그 소프트웨어를 사업의 중심에 놓았다. 그러나 사업을 확장하고 변화시키려는 시점이 되자 이 기술우선의 접근방법이 그녀를 괴롭히기 시작했다.

또 다른 고객도 이 접근방법으로 인해 고생하고 있다. 어느 기업의 사장인 이 고객은 특정한 유형의 소프트웨어나 하드웨어에 자주 열광하곤 한다. 그는 새 소프트웨어를 설치하면 그것을 중심으로 자기 회사의 전략과 시스템을 구축한다. 직원들이 각 소프트웨어 프로그램 특유의 한계에 적응하느라 많은 시간을 쏟으면서 갑갑해하는 것은 그리 놀라운 일도 아니다.

서로 다른 부서의 IT 시스템을 하나로 통합하는 것과 기술 우선 접근방법, 이 2가지 문제는 대부분의 기업이 분산된 IT 시스템 때문에 고생하는 중요한 이유가 된다. 그러나 이보다 더 중요한 이유가 있다. 대부분의 IT 시스템이 효과를 발휘하지 못하는 것은 고객 중심이 아니라 제품 중심으로 설계되어 있기 때문이다. 이 시스템들은 제품우선의 법칙을 바탕으로 하고 있다. 그들은 모두 엔지니어링, 제조, 유통, 재정 등 제품과 관련된 기능들을 뒷받침하기 위해 개발되었을 뿐, 마케팅을 뒷받침할 수 있도록 설계되지 않았다.

이것은 그리 놀라운 일이 아니다. 최근까지 기업들이 사용하는 가장 중요한 소프트웨어 프로그램에는 마케팅을 위한 모듈조차 없었다. 마케팅 부서가 컴퓨터 시스템에 포함된 것은 겨우 몇 년 전이었으며, 그것도 월드와이드웹상의 디지털 마케팅에 대응하기 위한 것이었다. 그러나 기술자들이 시스템을 제품 중심으로 설계하는 바람에, 고객들은 거의 완전히 배제되고 말았다. 예외가 있다면 아마 제품 송장送狀에 이름이 기록될 때뿐일 것이다. 기술자들은 제품 중심 사고에서 고객 중심 사고로 잘 옮겨가지 못한다. 제품 중심의 IT 전략이 적은 돈으로 더 빠르게 물건을 만들어 내는 효율성을 강조하기 때문이다. 반면 고객 중심의 전략은 효율이 아니라 관계를 바탕으로 삼아야 한다. 그런데 관계의 구축에는 때로 더 오랜 시간과 더 많은 비용이 든다.

변화 속도가 점점 빨라지고, 경쟁이 심해지고, 즉각적인 커뮤니케이션이 가능한 시대에 성공하기 위해 전략적 기업은 제품이 아니라 고객을 중심으로 자체 기술을 설계한다. 전략적 기업의 시스템은 가치를 만들어서 고객에게 제공하는 데 투자할 수 있는 시간을 늘리고 가치가 낮은 활동에 쏟는 시간을 줄여주기 때문에 고객들과 좋은 관계를 맺는 데 도움이 된다.

이 시스템의 핵심은 고객 정보 데이터베이스다. 기업의 집단적인 기억 구실을 하는 이 데이터베이스는 기존 고객과 잠재고객의 현황을 알려주고, 그들의 평가, 취향, 요구, 거래내용 등을 기록해준다. 이 시스템 덕분에 기업은 이메일, 인터넷, 전화, 팩스, 휴대폰, 메신저 그리고 앞으로 등장하게 될 기타 여러 가지 통신기기들을 이용해서 고객들과 대화를 주고받을 수 있다. 이 시스템은 또한 가치 요소들을 더욱 쉽고 빠르게 조합해 고객에게 독특한 가치를 지닌 제품을 제공할 수 있게 해준다. 새로운 기회가 생겼을 때 그 기회를 움켜잡을 수 있는 능력도 준다. (다음 장들에서 관계우선의 법칙을 뒷받침하는 IT 시스템의 설계 방법을 설명하고, 기업의 기술자들이 제품이 아니라 고객 중심 IT 시스템의 필요성을 이해할 수 있게 도와주는 몇 가지 방법을 제시할 것이다.)

세계적 현실 8 기존 시장으로는 충분하지 않다

산업혁명 중에는 자국 시장만으로도 번성할 수 있었다. 무역장벽이 보호해주는 자국 시장에는 외국 경쟁자들이 없었다. 국경 너머에서 모험을 감행하지 않아도 얼마든지 제품을 대량으로 생산할 수 있었다. 그러나 오늘날 무역의 세계화와 엄청나게 쏟아져 나오는 통신기술들로 인해 자국 시장에서도 경쟁이 불을 뿜고 있다. 게다가 자기 업계 외부의 경쟁자들과도 맞서야 하는 경우가 많다. 예를 들어 보험회사가 은행과 경쟁을 벌이는 식이다. 전화회사는 케이블 방송 서비스 회사와 경쟁한다. 커피숍은 북카페와 경쟁한다. 이처럼 경쟁적인 환경 속에서 기존 시장만 고집한다면, 시장점유율이 줄어들 수밖에 없다.

기존 시장으로는 충분하지 않다는, 여덟 번째 세계적 현실을 받아들여야 하는 것은 이 때문이다. 우리의 사고는 세계적인 것이 되어야 한다. 다행히도 지금은 모든 기업이 잠재시장을 확대할 수 있다. 이메일, 인터넷, 장거리 통신비용 감소 등으로 1인 기업조차 전 세계 고객들을 상대할 수 있다.

전략적 기업은 분명하게 구분되는 특정한 유형의 고객들에게 독특한 가치를 지닌 제품을 제공하기 때문에 세계시장에서 성공할 수 있는 이상적인 조건을 갖추고 있다. 예를 들어 대학생을 고객으로 겨냥하는 기업은 전 세계 대학생을 대상으로 영업할 수 있다. 언어와 문화의 차이를 제외하면, 대학생들은 살고 있는 나라와 상관없이 상당히 비슷한 것들을 원한다. 공부에 도움이 되는 것, 재정적 지원, 졸업 후의 일자리… 그들은 또한 학교에 다니는 동안 즐거운 시간을 보내고 싶어 하고, 다른 대학생들과 공동 활동도 하고 싶어 한다. 따라서 대학생들이 어느 나라에 살고 있든, 전략적 기업이 이들에게 독특한 가치를 지닌 제품을 제공할 수 있는 방법은 사실상 무한히 많다. 국경선을 하나의 요인으로 고려할 필요는 전혀 없다. 국경은 중요하지 않다. 이 전략적 기업의 시장은 대학생들이며, 세계적인 차원에서 그 시장은 거대하다.

제품우선의 법칙을 따르는 기업들은 세계적인 시장에서 성공하기가 매우 어렵다. 그들은 소비재 사업을 하고 제품을 모든 생각의 출발점으로 삼기 때문에, 해외 시장의 특징에 별로 신경을 쓰지 않는 경향이 있다. 따라서 해당 시장을 자세하게 알고 있는 그 나라의 경쟁자들에게서 시장점유율을 빼앗는 데 어려움을 겪는다. 해외의 고객들과 장기적으로 좋은 관계를 맺는 데 실패하는 경우도 많다. 대부분의 경우 이들은 제품 가격을 가지고 옥신각신하다가 적당한

선에서 타협을 하고는 제품을 실어 보내버린다.

그러나 관계우선의 법칙을 따르는 기업들은 이보다 훨씬 더 좋은 실적을 올릴 수 있다. 그것은 전 세계를 무대로 거의 모든 유형의 고객들을 상대할 수 있기 때문이다. 분재 전문가든, 에뮤를 기르는 농부든, 신경외과의든, 실패한 상품을 끌어안고 있는 사람이든, 폴란드 영화의 팬이든, 육체적으로 힘든 도전에 직면한 스쿠버 다이버든 상관없다. 역설적인 것은, 구체적으로 범위가 좁혀진 특정 유형의 고객에게 초점을 맞출수록 독특한 가치를 지닌 제품을 제공할 수 있는 능력이 커진다는 점이다. 이 전략, 즉 고객 유형 특화 customer-type specialization는 먼 곳까지 손을 뻗어 해외의 소비자들과 훌륭한 관계를 구축하게 해주는 강력한 방법이다. (다음 장들에서는 기존 시장 너머로 뻗어나가는 방법과, 경쟁이 심한 세계경제 속에서 성공하는 데 도움이 될 모델, 전략, 시스템을 마련하는 방법을 설명하겠다.)

세계적인 현실을 받아들여라

대부분의 기업인은 이 8가지 세계적 현실을 알고 있다. 그러나 이 현실에 맞춰 자신들의 전략과 시스템을 바꾸려는 조치를 취하지는 않는다. 세상이 산업혁명기의 황금시대로 되돌아가기를 남몰래 바라고 있을 뿐이다. 그들이 변화에 저항을 보이는 것은 의지가 부족해서가 아니다. 그저 지금의 현실에 어떻게 대처해야 하는지 그 방법을 모를 뿐이다. 그들은 전략적 기업을 구축하는 방법을 모른다. 그래서 나는 이 책을 썼다. 여러분이 오늘날과 같은 세상에서 성공할 수 있게 돕고 싶다. 그러나 전략적 기업의 청사진을 개괄적으로 제시하기 전에, 거시적인 관점에서 미시적인 관점으로 옮겨가서 많은 기업이 이른바 실적의 정체상태에 발목을 붙들리는 이유를 조사할 필요가 있다.

chapter 03

성장을 가로막는 요인

과거로부터 자유롭지 않다면 결코 자유로워질 수 없다. 정신이 새롭고, 신선하고, 순수해질 수 없기 때문이다. 오직 신선하고 순수한 정신만이 자유롭다. 자유는 나이와 아무 상관이 없으며, 경험과도 상관이 없다. 내가 보기에는 의식적인 습관과 무의식적인 습관의 전체적인 메커니즘을 이해하는 데 자유의 핵심이 있는 것 같다. 문제는 습관을 버리는 것이 아니라 습관의 구조를 전체적으로 바라보는 것이다.

_ 지두 크리슈나무르티

세계인의 스승인 지두 크리슈나무르티는 인간이 행동의 원동력이 되는 좋고 나쁜 습관을 완전히 이해하기 전에는 자유로워질 수 없다고 생각했다. 기업도 마찬가지다. 기업은 변화 속도가 점점 빨라지고, 경쟁이 심해지고, 즉각적인 커뮤니케이션이 가능해진 요즘의 현실에 커다란 영향을 받고 있지만, 기업을 제자리에 붙들어 두고 있는 그 밖의 것들은 바로 기업 내부에서 나온다. 기업이 스스로 만들어낸 태도, 관습, 습관 등을 말한다.

이번 장에서 우리는 제한요인이라고 불리는, 성공을 가로막는 내적인 장벽을 살펴보고 어떻게 해서 이런 장벽 때문에 전략적 기업이 되지 못하는지 알아볼 것이다.

실적의 정체상태

한 기업이 매출과 이윤 면에서 어떤 수준에 도달했을 때, 더 이상 앞으로 나아가지 못하고 제자리에 붙들려버리는 경우가 많다. 매출과 이윤이 오랫동안 정체상태를 유지하는 것이다. 새로운 고객을 확보하기가 더 어려워지고 오래된 고객이 많이 떨어져나간다. 빠르게 성장하던 과거와 달리, 활기도 없고 권태로운 분위기가 자리를 잡는다. 나는 이것을 실적의 정체상태라고 부른다.

기업들이 이러한 정체상태에 붙들리는 것은 기업의 규모가 이미 커졌는데도 그 커다란 덩치에 맞지 않는 과거의 사업 모델, 전략, 시스템을 계속 사용하기 때문이다. 이 정체상태를 뚫고 위로 솟아오르기 위해서는 전략적 기업의 전략과 시스템을 채택해야 한다.

어떻게 하면 전략적 기업이 될 수 있는지 완전하게 이해하려면, 먼저 기업을 실적의 정체상태에 붙들어놓는 8가지 제한 요인들을 이해해야 한다.

1. 단기적 목표에 초점을 맞춘다.
2. 혼자서 또는 작은 그룹 단위로 일한다.
3. 제품과 서비스만 생각한다.
4. 경쟁자를 물리치려고 노력한다.
5. 마케팅이 아니라 영업에 초점을 맞춘다.
6. 특정한 상황에만 적용되는 도구 개발에 매달린다.
7. 기술의 노예가 된다.
8. 기존 시장에만 초점을 맞춘다.

이제 각각의 제한요인을 자세히 살펴보자.

제한요인 1 단기 목표에 초점을 맞춘다

단기적인 사고는 실적의 정체상태에 붙들린 기업에 나타나는 중요한 증상이다. 중역, 영업사원, 직원, 주주가 모두 월별 실적 또는 분기별 실적을 향상시키는 데만 초점을 맞춘다. 이러한 압박 속에서 기업은 똑같은 엔진에서 더 많은 힘을 얻어내려고 애쓴다. 하지만 이 엔진이 충분히 힘을 내지 못할 가능성이 있다. 단기적인 목표를 서둘러 성취하려고만 애쓰는 기업은 더 크고, 더 훌륭하고, 더 강력한 엔진을 설치하기 위해 시간을 투자하지 않는다. 낡은 엔진이 과도한 스트레스를 받는 가운데 기업은 무너지기 시작하고 실적도 떨어진다. 실적의 정체상태에 붙들린 기업들은 더 크고 더 좋은 엔진을 설치하는 데 시간을 들일 생각이 전혀 없다. 따라서 의미 있는 변화나 획기적인 발전이 드물어진다.

단기적인 사고로 인해 붕괴되는 기업의 특징은 여러 가지다.

- 1차적으로 월별 목표 또는 분기별 목표를 달성하는 데 초점을 맞춘다.
- 기업의 성공에 대한 장기적인 비전이 없다.

- 일시적인 실적의 퇴보를 바탕으로 중요한 결정을 내리고 기업을 급격히 변화시킨다.
- 새로운 능력과 자원에 대한 투자가 적다.
- 모험을 하지 않으며, 실수도 거의 용납하지 않는다.
- 단기적으로 돈을 쓸 수 있는 고객과 잠재고객에게만 관심을 보인다.
- 깊이 있고 장기적인 관계를 구축하기 위해 노력하지 않는다.
- 똑같은 작업을 더 빠르게, 더 자주, 더 잘하는 것만으로 매출과 이윤을 늘리려고 노력한다.

기업이 실적의 정체상태를 이기고 솟아오르기 위해서는 단기적인 사고방식이라는 문제를 해결해야 한다. 장기적인 사고를 가능하게 해주는 원칙과 기술을 채택해야 하는 것이다.

제한요인 2 혼자서 또는 작은 그룹 단위로 일한다

조직이 커질수록 사람들이 팀을 이루어 일하는 것이 중요해지지만 역설적으로 팀워크는 점점 어려워지기만 한다. 많은 경우 기업 내부에 이미 존재하는 구조, 전략, 통신 시스템이 효율적인 팀워크를 뒷받침해주지 못한다. 따라서 직원 개개인과 각 부서는 서로 고립된 채 일하는 경향이 있다. 이러한 팀워크의 부재는 기업을 실적의 정체상태에 붙들어두는 결과를 낳는다. 그 이유는 다음과 같다.

- 공통의 목표나 비전이 없다. 목표가 설정되더라도 그것은 소수의 고위 중역들이 만든 것에 불과하다.
- 기업의 중요한 목표를 인식하거나 이해하는 직원이 거의 없다.
- 일상적인 기업 활동 중에서 무엇이 중요하고 무엇이 선결과제인지에 대해 직원 개개인이나 부서들이 서로 다른 생각을 갖고 있다.
- 이러한 상황은 흔히 내적인 경쟁과 적대관계로 이어진다.
- 직원 개개인과 부서들이 자체적인 시스템과 기술을 따로 개발했기 때문에 회사 전체의 시스템을 표준화하려는 움직임이 있을 때 자신의 시스템을 열렬하게 옹호한다.
- 모든 사람을 하나로 모아주는 메커니즘이 없다.
- 많은 부서와 직원 개개인이 기업의 진짜 활동(고객 서비스)에서 멀리 떨어져 소외된다.
- 팀 단위 기획과 실행이 지닌 창의력이 기업에 이롭게 작용하지 않는다.

기업이 실적의 정체상태를 이기고 솟아오르려면 팀을 이루어

관계우선의 법칙

함께 일할 수 있는 새로운 전략과 구조를 개발해야 한다.

제한요인 3 　제품과 서비스만 생각한다

실적의 정체상태에 붙들려 있는 기업에서는 대부분의 생각이 제품과 서비스에 대한 것에서 출발한다. 이런 기업은 제품우선의 법칙에 집착한다. 이들은 시장조사를 말로만 떠들 뿐, 전략적인 기획 과정을 시작할 때 제품을 먼저 염두에 둔다. 그 제품은 신제품일 수도 있고 기존 제품을 향상시킨 것일 수도 있다. 이 기업은 몇 달 혹은 몇 년에 걸쳐 제품을 개발한 후 시장에서 고객을 찾으려고 노력한다. 그러나 사람들이 그 제품에 관심이 없다는 것을 발견하고 놀라는 경우가 흔하다. 그래서 이 기업은 제품 가격을 낮추고 판매 촉진을 위해 많은 돈을 지출함으로써 별로 좋지 않은 시장 반응에서 최대한의 결과를 끌어내려고 노력한다.

제품을 우선적으로 생각하는 기업은 커다란 위험을 무릅쓰는 것과 같다. 그들은 자신이 제품을 개발하면 이 세상이 그 제품을 사랑해줄 것이라는 희망을 품고 돈과 시간을 쏟아 붓는다. 그것은 6개월 내지 1년 후에나 나타나는 과녁을 향해 총을 쏘는 것과 같다. 과녁을 맞히는 것은 거의 불가능하다.

실적의 정체상태에 붙들려 있는 기업이 제품을 먼저 생각하는 것은 이 기업이 맨 처음 시장에서 성공을 거둘 수 있게 해준 것이 바로 제품이었기 때문이다. 과거 어느 시점에 이 기업은 고객들로부터 좋은 반응을 얻은 제품을 만들었다. 그리고 그 제품을 원하는 다른 비슷한 고객들을 더욱 많이 찾아낼 수 있었기 때문에 성장했다. 이 기업은 또한 소수의 고객만 상대했기 때문에 제품을 조금만 수정하고 향상시켜도 쉽게 고객들을 만족시킬 수 있었다.

그러나 기업이 점점 커지면서 고객들과 밀접한 관계를 유지하는 것이 불가능해졌고, 기업은 점점 더 제품에 초점을 맞추면서 고객들에게 관심을 덜 쏟게 되었다. 이런 문제는 과거에 특정 제품을 판매해서 성공을 거둔 바 있는 엔지니어링과 첨단기술 전문가들이 경영하는 기업에서 상당히 흔하게 나타난다. 이들은 제품에 초점을 맞추는 태도를 버리기가 무척 어렵다. 또한 자신의 제품이 인기를 잃어버렸을 때 대처하는 방법도 잘 모른다.

기업이 실적의 정체상태를 극복하고 솟아오르기 위해서는 제품에 대한 관심을 줄이고 고객을 먼저 생각하는 법을 배워야 한다.

제한요인 4 경쟁자를 물리치려고 노력한다

실적의 정체상태에 붙들린 기업은 대개 경쟁자를 물리치려는 노력에 강박적으로 매달린다. 이런 기업은 경쟁자에 대한 상대적인 개념으로 스스로를 정의하기 때문에 경쟁자보다 한 단계 높은 곳에 올라서기 위해 가격인하, 영업, 프리미엄 제공, 파격적인 가격, 이색적인 판촉활동 등 수단과 방법을 가리지 않는다. 이렇게 치열히 경쟁하다 보면, 기업의 제품과 서비스가 '소비재화'하는 경향이 있기 때문에 이윤 폭이 심각하게 줄어든다. 따라서 수익도 줄어들어, 기업은 시장에서 자유로이 운신하며 자기만의 독특한 특성을 발휘할 수 없게 된다. 혁신적인 사고에 투자할 수 있는 돈도, 에너지도 없다.

경쟁에 초점을 맞추면 또한 제품의 질과 마케팅 활동에도 나쁜 영향이 올 수 있다. 마진이 작기 때문에 낮은 가격으로 질 좋은 제품을 생산하거나, 효과적인 홍보활동을 위해 돈을 충분히 투자할 만한 동기도, 능력도 거의 없는 것이다. 경쟁에 초점을 맞추다 보면, 또한 소비자들의 머릿속에서 자사 제품과 타사 제품을 차별화하기가 어려워진다. 이 기업의 제품이 경쟁사의 제품과 똑같은 것으로 여겨지거나, 경쟁사 제품보다 우월한 것 또는 열등한 것으로 순위가 매겨지게 되기 때문이다. 고객은 이 기업과 이 기업의 제품을 독특한 특징을 지닌 별개의 것으로 인식하지 못한다.

이러한 문제들 외에도 기업이 혁신적인 아이디어를 생각해내거나 완전히 독창적인 것을 시도할 에너지가 거의 없어져버릴 위험이 존재한다. 경쟁자를 물리치려고 끊임없이 노력하는 기업은 영원히 경쟁을 계속할 수밖에 없다. 대부분의 경우 경쟁에 초점을 맞추는 것은 기업이 결코 리더가 되지 못하고 항상 남의 뒤를 쫓아

가게 된다는 것을 의미한다. 기업이 전략적 기업으로 탈바꿈하기 위해서는 경쟁에 대한 강박관념을 버리고 스스로를, 독특한 유형의 고객들에게 독특한 가치를 지닌 제품을 제공하는 존재로 인식해야 한다.

제한요인 5 마케팅이 아니라 영업에 초점을 맞춘다

실적의 정체상태에 붙들려 있는 대부분의 기업은 마케팅이 아니라 영업에 초점을 맞춘다. 이런 기업은 새로운 고객을 찾기 위해 텔레마케팅, 광고 인쇄물 발송, 제품 발표회, 제안서 요청^{RFPs}, 전시회 등 거의 전적으로 영업을 위한 방법에만 의지한다. 한 발 앞선 영업활동이 모든 기업에서 나름대로 의미를 지니고 있는 것은 사실이지만, 장기적인 마케팅 활동의 뒷받침 없이 영업에만 초점을 맞추는 것은 한계가 있다. 영업은 (기업이 적극적으로 잠재고객의 주목을 끌려고 한다는 점에서) 역동적인 활동이지만, 효과적인 마케팅은 잠재고객이 스스로 기업을 찾아오게 만든다.

영업에만 초점을 맞추는 것은 또한 기업이 고객들과 맺고 있는 관계에 중대한 영향을 끼친다. 영업 모델에 따르면, 관계 맺기를 먼저 시도해야 하는 쪽은 기업이다. 따라서 기업은 약자의 위치에 놓인다. 고객은 언제나 "애당초 당신이 나를 찾아왔잖아요. 난 이 관계를 별로 맺고 싶지 않았어요."라고 말할 수 있다. 그러나 마케팅 모델에 따르면, 관계 맺기를 먼저 시도하는 쪽은 잠재고객이다. 애당초 잠재고객이 먼저 기업을 찾았기 때문에 기업은 고객과의 관계에서 훨씬 더 강한 위치에 설 수 있다. 기업은 언제나 이렇게 말할 수 있다. "당신이 우리를 찾아온 겁니다. 그리고 이것이 우리의 거래방식이에요."

게다가 영업에만 초점을 맞추는 것은 고객들과의 거래관계에 부정적인 영향을 끼친다. 영업사원들이 할당량을 달성해야 한다는 생각에 조급해지기 때문이다. 따라서 영업사원들이 고객들을 채근해서 부적절한 거래를 맺을 개연성이 있고, 이는 고객과 기업의 장기적인 관계에 위협이 될 수 있다. 할당량 시스템에 따라 일을 하는 영업사원들은 잠재고객과의 관계 구축을 무시해버리고 너무 일찍부터 상품만 판매하려고 하는 경향이 있다. 따라서 판매 할당량은 단기적으로 소액의 거래만 이루어지는 관계를 낳는 경우가 흔하다.

기존 선입견과는 반대로, 영업활동은 장기적인 관점에서 보면 마케팅 활동보다 훨씬 더 많은 비용이 든다. 그러나 실적의 정체상태에 붙들려 있는 대부분의 기업들은 이 사실을 깨달을 수 있을 만큼 오랫동안 마케팅에 투자를 한 적이 없기 때문에 결국 영업 사이클에 붙들려버리고 만다. 전략적 기업을 만들기 위해서는 여러분이 정한 특정 유형의 잠재고객들을 끌어들이기 위해 마케팅 테크닉을 이용해야 한다.

특정한 상황에만 적용되는 도구 개발에 매달린다

　단기적인 판매에만 초점을 맞추고 실적의 정체상태에서 점점 쇠약해지는 기업은 1차적으로 도구 개발에 나서는 경향이 있다. 마케팅 자료, 소프트웨어 프로그램, 양식, 작업순서 등의 도구들은 특정 사건이나 상황에 맞춰 만들어진 것이다. 따라서 이들은 순식간에 시대에 뒤떨어진 것이 되어버릴 수 있다. 매번 새로운 상황이 발생할 때마다 기업은 완전히 새로운 도구들을 만들어내야 한다. 그리고 이런 작업에는 대개 돈이 많이 든다.

　이런 기업은 장기적인 능력, 즉 기업이 좋은 기회를 이용할 수 있도록 해주는 인적 자원과 기술을 개발하는 데 시간, 돈, 자원을 충분히 투자하지 못한다. 여기서 말하는 기술에는 전산화된 제조 장비, 관계 중심의 데이터베이스 시스템, 사내의 디자인 설비 및 디지털 생산설비, 웹사이트 디자인 및 유지 능력, 멀티미디어 연출의 전문지식과 장비 등이 포함된다. 새로운 마케팅 기술을 이용할 줄 아는 사내외의 인적 자원 역시 중요한 자원이다.

　예를 들어, 새로운 팸플릿(도구)의 제작은 대부분의 기업에서 흔히 볼 수 있는 활동이다. 전문적이고 효과적인 팸플릿 개발에 사용되는 시간과 돈은 헤아릴 수 없을 정도다. 그런데 팸플릿은 인쇄되자마자 즉시 그 가치를 잃어가기 시작한다. 기업과 시장이 변화하면서 발전하기 때문이다. 몇 달 지나지 않아 이 팸플릿은 시대에 뒤떨어진 것이 되고 버림을 받는다. (이보다 더 나쁜 것은 기업이 이미 제작된 팸플릿이 다 떨어질 때까지 시대에 뒤떨어진 마케팅 메시지에 집착하는 것이다.)

전략적인 기업은 끊임없이 그때그때의 상황에 맞는 팸플릿과 마케팅 자료를 만들 수 있게 해주는 사람과 기술에 투자한다. 상황과 시장이 변화해도 이런 기업은 그 구체적인 상황에 딱 맞는 도구를 재빨리 개발할 수 있다. 그러니만큼 시간과 돈이 낭비되는 경우가 거의 없고, 기업은 더 신속하게 더 좋은 관계를 맺을 수 있는 유연성과 능력을 갖게 된다. 또한 경쟁이 심한 세계경제 속에서 끊임없이 일어나는 변화에도 더 잘 적응할 수 있게 된다.

제한요인 7 **기술의 노예가 된다**

디지털 기술과 온라인 기술이 널리 퍼져나감에 따라 이 기술들을 효과적으로 이용하는 것이 기업의 성공과 실패에 점점 더 중요한 요인이 되고 있다. 그러나 기술의 중요성이 증가하는 것을 보면서 기술이 모든 문제의 해답이 되어줄 것이라고 오해하는 기업이 많다. 매출이 줄어들면, 기업들은 새로운 컴퓨터를 들여놓고 소프트웨어를 업그레이드한다. 인건비가 높아지면, 기업들은 직원을 해고하고 그 직원이 하던 일을 음성사서함이 대신하게 한다. 경쟁사가 더 좋은 웹사이트를 개설하면, 그보다 훨씬 더 정교한 웹사이트를 만든다. 이처럼 기술에 열광하는 환경 속에서 기업들은 그 가치가 아직 증명되지도 않은 새로운 기술을 그저 믿음만으로 채택한다.

점점 빨라지고 있는 기술의 변화속도에 뒤떨어지면 안 된다는 강박관념에 시달리는 고위 중역들은 흔히 컴퓨터 전문가들과 기술자들에게 지나친 권한을 넘겨주곤 한다. 기술자들은 고위 경영진으로부터 명확한 지시도 받지 못한 채 신기술을 열심히 도입하지만, 기업의 가장 중요한 목표를 달성하는 데 이 신기술이 어떻게 도움이 될지는 거의 알지 못한다. 그러다 보니 새로운 기술의 개발 자체가 기업의 가장 중요한 목표가 되어버린다. 심지어 유일한 목표가 될 때도 있다. 이렇게 맹목적인 기술 숭배는 진정한 목표를 파괴해버림으로써, 기업과 그 관계자들(고객, 직원, 부품 공급업체, 주주)의 관계에도 파괴적인 영향을 끼칠 수 있다. 기술을 모든 문제의 해결책으로 여기는 기업은 새로운 기술을 도입해서 직원이 하던 일을 대신하게 하거나 고객과 직원의 직접적인 접촉할 기회를 없애버리는 경우가 많다. 나는 이러한 문제를 테크노피아라고 부른다.

기술 숭배로 인해 기업이 기술의 노예가 되는 현상은 실적의 정체상태에 붙들려 있는 기업에서 흔히 나타나는 특징이다. 기업의 성장을 도와줄 것이라고 여겨지는 기술이 바로 기업의 성장을 막고 있다는 점이 역설적이다. 반면 전략적 기업은 기술의 주인이다. 이 기업의 모든 시스템은 기존 고객과 잠재고객에게 독특한 가치를 지닌 상품을 제공한다는 한 가지 목적을 위해 만들어졌고 이 목적에 도움이 되지 않는 기술은 결코 채택되지 않는다.

제한요인 8 **기존 시장에만 초점을 맞춘다**

실적의 정체상태에 붙들려 있는 기업들은 대부분 오래전부터 상대하던 지역과 주민을 벗어나서 새로운 고객을 찾아내지 못했기 때문에 지금과 같은 상황에 처하게 되었다. 국한된 지역이나 기존의 시장에만 초점을 맞추는 것은 다음과 같은 이유 때문에 한계가 있다.

- 국한된 지역에는 독특하고 특화된 제품과 서비스를 원하는 잠재고객이 충분하지 않다.
- 자신이 살고 있는 지역의 기업들에 의리를 지키는 소비자가 줄어들고 있다.
- 무역 장벽의 약화, 세계경제의 디지털화 등 세계화의 여러 추세들로 인해 모든 나라, 모든 계층, 모든 분야의 시장에서 경쟁이 심화되고 있다.
- 여러 분야의 산업이 융합하면서 끊임없이 새로운 경쟁자를 만들어내고 있다.
- 세계를 무대로 활동하는 기업들은 그 규모로 인한 비용절감

과 낮은 인건비 덕분에 전략적인 이점을 갖고 있다.

- 지역 경제나 국가 경제의 영향을 더 크게 받는다.
- 다양한 시장에서 거래하면서 더 세련된 구조와 시스템을 개발할 수 있는 기회를 얻지 못한다.

이런 이유들 때문에, 전략적 기업은 경쟁이 심한 세계경제 속에서 성공하기 위해 반드시 국한된 지역이나 기존의 시장을 넘어서야 한다.

chapter 04

가장 중요한 전략

마침내 우리는 태양 자체를 우주의 중심에 놓을 것이다. 만약 우리가 사람들의 말처럼 '두 눈을 크게 뜨고' 사실을 바라보기만 한다면, 전 우주의 조화와 체계적으로 일어나는 사건들에 의해 이 모든 것을 알 수 있다.

_ 코페르니쿠스

코페르니쿠스가 1543년에《천체의 회전에 관하여^{De Revolu-}tionibus Orbium Coelestium》를 출판하기 전에는 누구나 지구가 우주의 중심이라고 믿었다. 사람들은 태양과 별, 그리고 여러 행성이 지구 주위를 돈다고 생각했다. 코페르니쿠스는 이 믿음 또는 세계관에 도전해서 지구를 태양 주위의 궤도에 올려놓은 태양 중심설을 제안했다. 코페르니쿠스는 그 직후 세상을 떠났기 때문에 자신의 급진적인 이론이 논란을 불러일으키고 결국은 입증되는 것을 목격하지 못했다.

코페르니쿠스처럼 우리도 깊이 뿌리박혀 있는 기업적 세계관에 도전해서 21세기에 더 적합한 새로운 세계관을 채택할 필요가 있다. 먼저 스스로에게 이런 질문을 던져보아야 한다. 우주가 정말로 나의 기업과 제품을 중심으로 돌고 있는가? 앞으로도 계속 제품을 중심으로 전략과 시스템을 구축해야 하는가, 아니면 다른 모델을 사용해야 하는가? 앞의 3개 장을 읽었다면, 이 질문들의 답을 알고 있을 것이다. 변화 속도가 점점 빨라지고, 경쟁이 심해지고, 즉각적인 커뮤니케이션이 가능해진 이 시대에 우리는 관계우선의 법칙을 이용해서 특정 유형의 고객들을 중심으로 사업을 설계해 전략적 기업을 구축해야 한다. 단순히 관계 중심 마케팅 전략이나 고객 서비스 개선을 말하는 것이 아니다. 맨 꼭대기에서 맨 밑바닥에 이르기까지 기업 전체를 분명하게 정의된 특정 유형의 고객 중심으로 조직해야 한다는 뜻이다.

기업을 고객 중심의 전략적 기업으로 변신시키는 것은 어쩌면 웅대한 영웅담과도 같은 커다란 도전이 될지도 모른다. 제품을 중심으로 확고하게 굳어진 모델, 전략, 시스템이 있는 기업이라면, 변화에 대한 저항은 실로 엄청날 것이다. 기업을 변신시키기 위해 어떤 일들을 감당해야 하는지 생각해보자. 우선 기존 제품의 생산을 중단해야 할지도 모른다. 마케팅 프로그램도 버려야 할지도 모른다. 값비싼 소프트웨어 시스템을 쓰레기통에 처박아야 할지도 모른다. 직원들을 해고하거나 아니면 새로운 자리에 배정해야 할지도 모른다. 그러나 가장 중요한 것은, 낡은 사고방식이 시대에 뒤떨어진 것으로 판명된다면 그 사고방식에 의문을 제기하고 거부해야 한다는 점이다. 이 모든 변화가 꼭 필요하다는 점이 아무리 분명히 드러나더라도 직원 중 일부는 여기에 저항할 것이다.

그러나 변화를 돕기 위해 나는 8가지 중요한 전략을 파악해두었다. 이 전략들을 채택한다면, 전략적 기업이 되기 위한 변화를 실행하는 데 도움이 될 것이다. 그 전략들은 다음과 같다.

1. 고객 유형을 먼저 결정한다.

2. 경쟁자를 신경 쓰지 않고 독특한 가치를 고객에게 제공한다.

3. 팀워크를 통해 독특한 가치를 만들어낸다.

4. 이상적인 시스템 모델을 구상한다.

5. 고객과 양질의 관계구축을 위해 가치 있는 것을 무료로 제공한다.

6. 독특한 가치의 구성요소들을 제공한다.

7. 광범위한 해결책을 제공하는 능력을 개발한다.

8. 2보 전진을 위한 1보 후퇴를 감수한다.

전략 1 · 고객 유형을 먼저 결정한다

제품이나 서비스가 아니라 고객을 중심으로 구축된 전략적 기업은 모든 사고를 특정 유형의 고객을 선택하는 것에서부터 시작한다. 이 고객 유형은 부모, 윈드서핑을 하는 사람, 정년퇴직자 등 포괄적인 것일 수도 있고, 장애아의 부모, 여성 프로 윈드서핑 선수, 인터넷 주식거래를 즐기는 부유한 정년퇴직자 등 매우 구체적일 수도 있다. 사실 고객의 유형을 구체적으로 정할수록 그 고객들과 장기적인 관계를 구축하기가 쉽다.

여행사를 예로 들어보자. 과거에는 패키지여행이나 비행기표 같은 제품을 중심으로 사업을 구축했다. 고객의 관점에서 보면 소비재를 판매하는 이 여행사는 같은 도시에 존재하는 수백 개의 여행사 중 하나에 불과했다. 그래서 고객들을 끌어들이려면 계속해서 값을 낮출 수밖에 없었다. 따라서 마진도 계속 줄어들었다. 그러나 관계우선의 법칙을 이용해서 이 여행사는 재즈 음악을 좋아하는 특정 유형의 고객들을 선택하기로 결정한다. 그리고 이 고객들에게 국제 재즈 축제 관광이나 유명한 재즈 음악가와 함께하는 크루즈 여행 등 믿을 수 없을 만큼 독특한 가치를 지닌 상품을 제공함으로써 이 고객들을 중심으로 사업을 구축한다. '재즈 음악 여행센터'라고 명명된 웹사이트는 전 세계에서 개최되는 모든 재즈 축제 정보를 제공하며, 전 세계에서 수천 명의 재즈 애호가들을 자석처럼 끌어당긴다. 이 사람들이 이 웹사이트를 알게 된 것은, 수십 개의 인기 있는 재즈 사이트와 재즈 잡지에 게재된 광고, 이 여행사가 후원한 재즈 행사 등을 통해서였다. 단기간 내에 이 여행사는 전 세계 재즈 팬을 위한 최고의 여행 서비스 제공자가 된다.

이 사업에서 충분한 돈을 벌어들이게 되면 다른 유형의 고객들로 사업을 확장할 수도 있다. (이것을 생산라인 확장과 대조되는 고객 유형 확장으로 생각해도 된다.) 예를 들어, 포도주 애호가를 새로운 고객 유형으로 선택해서 이들을 중심으로 또 다른 사업을 구축할 수도 있을 것이다. 이 경우 전 세계의 포도원과 포도주 축제를 관광상품으로 개발할 수 있다. 포도주 애호가들 역시 포도주와 관련된 자신들의 특별한 여행 욕구를 충족시키는 회사가 이 여행사밖에 없기 때문에 이곳을 찾게 될 것이다. 경쟁사들은 포도주를 좋아하는 사람들의 특별한 여행 욕구를 이해하지 못하는 단순한 여행사에 불과하다.

일단 재즈 팬을 위한 사업과 포도주 애호가를 위한 사업이 자리를 잡고 나면, 또 다른 유형의 고객을 선택해서 사업을 확장할 수 있다. 서핑을 즐기는 사람, 하모니카를 연주하는 사람, 이혼한 사람, 피카소 팬, 미식가, 골동품 자동차 소유주, 애완동물을 기르는 사람, 역사를 광적으로 좋아하는 사람 등이 모두 새로운 유형의 고객이 될 수 있다.

여기서 기억해야 할 것은 각 유형의 고객이 모두 별도의 사업이라는 점이다. 고객 입장에서 보면 각각의 사업에는 겹치는 부분이 전혀 없다. 역사를 광적으로 좋아하는 사람이 이 여행사의 웹사이트를 방문할 때 피카소의 그림을 보게 되는 경우는 없다. 서핑을 즐기는 사람이 그들을 대상으로 한 팸플릿에서 골동품 자동차를 보게 되는 일도 없다. 그렇다고 해서 각각의 사업에 같은 자원과 능력을 사용할 수 없는 것은 아니다. 예를 들어, 전자상거래 기술은 모든 유형의 고객에게 사용할 수 있으며, 이 모든 사업을 관리하는 데는 사무실 하나로도 충분할 수 있다. 특히 사업이 대부분 전화나 인터넷을 통해 이루어지는 경우에는 더욱 그러하다. 다시 말하면, 기존의 능력을 이용해서 더 다양한 유형의 고객에게 독특한 가치를 지닌 상품을 제공하는 것이 가능하기 때문에 투자 수익을 증가시킬 수 있다는 얘기다.

기업이 선택한 고객 유형은 전략적 기업의 모든 측면에 영향을 끼친다. 일단 어떤 유형의 고객을 선택하고 나면, 전략적인 결정을 내리기가 훨씬 더 쉬워진다. 지정된 고객 유형에 속하는 고객들과 좋은 관계를 맺게 됨에 따라, 그들이 원하는 독특한 가치에 대해 더 많은 것을 알게 된다. 따라서 이제는 감으로 추측할 필요가 없다. 고객들이 원하는 상품과 서비스만 새로 개발하면 된다. 또한 새로운 잠재고객을 확보하는 방법, 이들과 장기적인 관계를 맺고 유지하는 데 가장 적절한 과정과 마케팅 도구가 무엇인지 재빨리 파악하게 될 것이다.

마찬가지로 새로운 사람, 능력, 기술을 선택할 때도 지정된 고객 유형에 맞게 상품의 독특한 가치를 증가시켜줄 수 있는 것만을 채택하게 될 것이다. 번지르르한 신기술이나 경영 컨설턴트들의 빠른

말솜씨에 현혹돼서 제 길을 벗어나는 일은 없다. 성공을 위한 공식은 매우 간단하다. 지정된 유형의 고객들에게 독특한 가치를 제공할 수 있다면 유용한 것이고, 독특한 가치를 제공하지 못한다면 유용하지 않다. 이렇게 고객 유형을 출발점으로 삼으면, 기업은 좀 더 확고하게 중심을 잡을 수 있고, 돈, 시간, 노력을 크게 절약할 수 있으며, 기업의 미래를 위해 더 분명한 길을 선택할 수 있다.

고객 유형을 출발점으로 삼으면 고객들과 긴밀한 관계를 맺고 제품우선의 법칙에 내포된 위험을 피할 수 있다. 건축회사를 위해 특별히 설계한 불도저 소프트웨어를 파는 기업을 예로 들어보자. 이 기업은 제품이 최고라고 생각하기 때문에 영업활동에서 타의 추종을 불허하는 이 제품의 특징들을 격찬하며, 제품의 능력, 유연성, 확장성 등을 설명한다. 이 기업은 자신의 제품을 사랑하기 때문에, 잠재고객이 제품에 저항을 보이거나 우려를 표명하면 교묘한 반박과 과장된 말로 마치 불도저처럼 뭉개버린다.

제품에만 초점을 맞춘 이 기업은 언제나 이야기를 늘어놓을 뿐 남의 이야기에 귀를 기울이지 않는다. 고객들에게 이 제품이 필요하지 않다는 사실 또는 제품이 별로 좋지 않다는 사실을 알게 될까봐 두렵기 때문이다. 어쩌면 경쟁사에서 판매하는 프로그램인 에디피스 이렉터가 더 낫다는 사실을 알게 될지도 모른다. 이 기업은 이러한 진실을 마주할 자신이 없기 때문에 그냥 남의 말에 귀를 기울이지 않는다. 사실, 이 기업은 잠재고객에게 가장 이익이 되는 일이 무엇인가에 대해서는 그리 신경을 쓰지 않는다. 그저 물건을 팔려고 할 뿐이다. 그것이 고객들에게는 좋지 않은 일이라 할지라도. 제품을 우선하는 사고방식에서 유래한 이런 태도 때문에 이 기업은 고객들과 장기적으로 좋은 관계를 맺지 못한다.

이번에는 관계우선의 법칙을 이용하는 영업사원을 살펴보자. 이 영업사원은 고객에게 전화를 할 때마다 물건을 팔기 위한 말을 늘어놓는 대신, 그들을 도울 수 있는 방법을 찾으려고 열린 마음으로 대한다. 그는 먼저 상대방의 상황에 대해 많은 것을 알아내려고 노력한다. "고객님의 목표는 무엇입니까?" "고객님은 지금까지 무엇을 이룩하셨습니까?" "고객님이 다음에 도전할 과제는 무엇입니까?" "고객님에게 필요한 것은 무엇입니까?"

이렇게 고객에 대한 정보를 알아낸 다음, 이 영업사원은 자신의 경험과 창의력을 이용해서 고객을 위한 독특한 해결책을 만들어낸다. 고객에게 불도저 소프트웨어의 구성요소와 에디피스 이렉터의 구성요소를 결합해보라고 권고할 수도 있고, 건축 회사의 생산성을 50% 높일 수 있는 혁신적인 공정을 설명할 수도 있다. 아니면 흥미 있는 기사와 그 밖의 자료 및 기능에 접근할 수 있는 방법을 고객에게 제공할 수도 있다. 설사 그것이 외부의 자료라 해도 상관없다. 그는 자기 회사 제품에만 집착하지 않고, 고객에게 믿을 수 없을 만큼 많은 도움을 준다. 고객이 목표를 달성할 수 있도록 최선을 다해 도움으로써 고객과 훌륭한 관계를 맺는 데 정성을 다하기 때문이다.

고객에게 필요한 것을 가장 먼저 알아내는 방법은 과거 수십 년 동안 많은 기업이 사용해온 중요한 전술이다. 그러나 대부분의 기업들은 소비자들에 관해 조사를 하겠다고 말로만 떠들었을 뿐이다. 이 방법이 제품우선의 법칙에서 유래한 것이므로, 소비자 조사는 사실상 엉터리다. 그들은 그저 소비자의 말에 귀를 기울이는 시늉을 할 뿐이다. 소비자의 독특한 욕구에 관심이 있는 양 보이려고 애쓰는 것에 지나지 않는다. 이러한 겉치레 뒤에는 자신의 제품을 팔겠다는 진짜 목적이 숨어 있다. 수많은 기업이 포커스 그룹(테스트할 상품에 대해 토의하는 소비자 그룹-옮긴이)이나 소비자 조사 등을 통해 수집된 정보를 무시하거나 헐뜯는 것은 이 때문이다. 그들은 긍정적인 반응만 얻고 싶어 한다. 그들은 고객의 진정한 관심사에 귀를 기울이려 하지 않는다. 그랬다가는 자신들의 사업방식을 극적으로 바꿔야 할지도 모르기 때문이다.

따라서 포커스 그룹을 만들고, 소비자를 상대로 설문 조사를 시행한 것에 만족해서는 안 된다. 제품을 먼저 생각하는 기업이라면, 이런 태도는 스스로를 속이는 것에 지나지 않는다. 사람을 볼 때 주머니만 눈에 들어오는 소매치기와 비슷하다.

고객 유형을 출발점으로 삼는 것은 중요한 전략 중에서도 가장 중요하다. 이 전략이 기업의 모든 측면에 영향을 끼치기 때문이다. 이 전략을 선택하면 제품우선의 법칙이라는 굴레에서 자유로워져서, 기업의 잠재력이 1,000배나 늘어날 것이다. 제품 중심의 사고방식에 얽매여 있던 기업의 창의력이 자유로이 풀려나기 때문이다.

이런 기업은 마치 코페르니쿠스 같은 존재가 될 것이다. 코페르니쿠스는 태양이 지구의 주위를 도는 것이 아니라는 사실을 깨닫는 순간, 두 눈을 크게 뜨고 우주의 참모습을 볼 수 있었다.

핵심 포인트

❶ 구체적인 고객 유형을 모든 전략적 사고의 출발점으로 삼는다.

❷ 지정된 유형의 고객들에게 독특한 가치를 지닌 상품을 제공하는
것으로 사업을 구축한다.

❸ 각각의 고객 유형을 별도의 사업으로 간주한다.

**경쟁자를 신경 쓰지 않고 독특한 가치를
고객에게 제공한다**

　전략적 기업의 임무는 자신이 선택한 유형의 고객들에게 독특
한 상품을, 점점 수준을 높여 제공하는 것이다. 이 기업이 제공하는
상품이 독특하고 유일무이하기 때문에 이 임무에 정성을 다하는 전
략적 기업은 경쟁과 무관해진다. 이러한 기업은 수많은 가치 있는
구성요소를 바탕으로 고객들의 필요에 맞는 해결책을 제공함으로
써 더 이상 소비재의 함정으로 인한 마진의 감소에 시달리지 않는
다. 고객들은 이 기업의 제품과 가격을 경쟁사와 비교하지 않는다.
비교를 할 방법이 없기 때문이다.

　전략적 기업은 독특한 가치를 지닌 상품을 제공해서 고객들과
긴밀한 관계를 맺음으로써 제 살을 깎아 먹는 경쟁에서 스스로 몸
을 뺀다. 사실 전략적 기업은 과거의 경쟁자들을 잠재고객이자 전
략적 파트너로 변화시킨다.

　이 점을 분명하게 이해하기 위해, 어느 트럭 수송업체가 레스토
랑 소유주들을 고객 유형으로 선택했다고 가정해보자. 과거에 이
업체는 200곳 이상의 경쟁사와 경쟁을 벌였지만 지금은 경쟁사가
하나도 없다. 이 업체가 '토탈 레스토랑 딜리버리 프로그램Total Res-
taurant Delievery Website'을 통해 레스토랑 소유주들에게 독특한 가치
를 제공하기 때문이다. 이 프로그램의 목적은 모든 수단을 동원해
서 레스토랑 소유주에게 필요한 식재료의 구입, 배달, 관리를 돕는

것이다.

그래서 이 업체는 식재료 배달 외에 레스토랑 소유주들에게 도움이 될 수 있는 혁신적인 프로그램을 수십 가지나 개발했다. 이 레스토랑 배달 웹사이트는 완전히 조리된 음식을 적시에 멀리까지 배달하는 과정을 관리하고, 레스토랑 소유주들이 식재료를 온라인으로 구입하면서 비용의 변화 추이를 계속 관찰할 수 있게 해준다. 또한 냉동된 식재료를 레스토랑 냉동고까지 배달하는 시간을 단축하는 독특한 포장 방법도 개발했다. 그 밖에 보험회사와 힘을 합쳐 창고 물품이 상하거나 도난당했을 때 보상해주는 '레스토랑 보험 프로그램'도 만들었다.

하지만 이것은 빙산의 일각에 불과하다. 이 업체는 레스토랑 소유주들에게 독특한 가치를 제공할 수 있는 새로운 방법을 끊임없이 개발하고 있다. 이를 위해 과거의 경쟁사 20곳과 팀을 이루어 예전보다 훨씬 더 큰 배달트럭 군단을 만들기도 했다.

과거의 경쟁사들은 이제 자신의 트럭이 레스토랑 딜리버리 프로그램에 이용될 때마다 이 업체에 돈을 지불한다. 이 업체가 경쟁사에서 눈을 떼고 고객들에게 독특한 가치를 제공하겠다고 마음먹은 순간부터 잠재력이 치솟았음을 알 수 있다.

독특한 가치를 제공하는 것이 얼마나 중요한지 이해하기 위해, 이번에는 원거리 통신회사를 살펴보자. 이 회사는 전화기, 시내전화 및 장거리 전화, 휴대전화 서비스, 기업의 자동응답 시스템, 인터넷 접속, 발신자 번호 표시, 3자 통화 등 여러 제품을 판매하고 있다.

이렇게 많은 제품을 보유하고 있으니만큼 경쟁자도 많다. 모든 제품군에서 이 회사는 치열한 경쟁을 벌이면서, 요금을 내리거나 특별한 판촉상품을 제공하는 등의 방법을 쓰고 있다. 이처럼 경쟁이 심한 탓에 이 회사가 고객들에게 또렷한 인상을 남기기가 힘들다. 고객들은 이 회사와 경쟁자들을 한데 묶어서 생각해버리는 경향이 있다. 그들 눈에는 모든 기업이 다 똑같이 보이기 때문이다. 고객들은 이 회사나 이 회사의 제품에 뭔가 독특한 점이 있다고는 생각하지 않는다. 만약 다른 회사에서 더욱 싼 요금으로 통신 서비스를 받을 수 있다면 고객들은 그 회사로 옮겨간다. 이 회사가 소비재의 함정에 걸려든 것이다. 전 세계에서 원거리 통신 산업의 경쟁이 더욱 치열해지고 있으니 상황은 점점 악화되기만 할 것이다.

이 회사는 자신과 경쟁사를 차별화하고, 고객 및 잠재고객과 좋은 관계를 맺어야 할 필요가 있다. 이 목표를 달성하기 위해 이 회사는 소기업 경영자들을 고객 유형으로 선택한다. 그리고 기업 경영자들이 원거리 통신과 온라인 기술을 최대한으로 활용할 수 있게 해주는 프로그램인 '소기업 통신 솔루션'을 개발한다. 이 프로그램을 시장에 내놓으면서 이 회사는 소기업 원거리 통신 세미나에 소기업 경영자들을 무료로 초청한다. 전문가들이 나와서 소기업의 성공에 도움이 되는 전략과 기술적 아이디어를 설명하는 자리다. 중요한 것은 세미나가 진행되는 동안에는 이 회사의 제품이나 서비스를 절대로 언급하지 말아야 한다는 점이다. 이 회사는 그 사람들을 도와주기 위해 거기 있을 뿐이다. 세미나가 끝난 후에는 참가했던 잠재고객들에게 소기업 원거리 통신클럽에 가입해보라고 권유한다. 이 모임의 회원은 무료 이메일 소식지, 웹사이트의 개인용 홈페이지, 장거리 전화요금 할인, 무료 휴대전화 등의 서비스를 누릴 수 있다. 세미나가 진행되는 동안 이 회사는 참가자들에게 각자의 목표와 사업체에 대한 질문을 던져 그들에 대한 정보를 수집한다.

이렇게 낯을 익힌 뒤 이 회사의 직원들이 잠재고객의 사무실을 방문해서 원거리 통신 시스템을 조사한다. 직원들은 아무런 선입견 없이 조사에 임하며, 그 조사결과를 통해 원거리 통신과 관련된 가치 있는 구성요소들로 이루어진 프로그램을 고객의 특성에 맞게 마련한다. 여기에는 원거리 통신 통합전략, 콜센터 기술, 인터넷 접속 서비스, 무선호출 기능, 첨단 소프트웨어 등이 포함된다. 이 구성요소 중에는 이 회사가 직접 제공하는 것도 있고, 과거의 경쟁사들이 제공하는 것도 있다. 사실 이 회사는 고객의 성공에 도움이 될 수만 있다면 제공자가 누구든 개의치 않고 모든 종류의 독특한 가치를 고객에게 제공할 준비가 되어 있다.

이 두 예에서 알 수 있듯이, 독특한 가치를 지닌 상품을 제공하는 기업에게는 경쟁이라는 개념이 무의미해진다. 경쟁이 없어지면, 역설적으로 경쟁자가 갑자기 잠재적인 공급업체가 된다. 심지어 과거의 경쟁자들이 생산한 제품과 서비스를 통해 돈을 벌 수도 있다. 이처럼 고객들에게 독특한 가치를 제공할 수 있는 공급원을 무한히 확보한다면, 고객과의 관계가 더욱 강화될 수밖에 없다. 해당 기업이 특별한 이해관계를 대변하거나 제품과 관련된 저의를 갖고 있지 않기 때문에 고객들은 뭔가 필요한 것이 생기면 가장 먼저 이 기업에 연락을 취한다. 자신에게 필요한 독특한 가치를 이 기업이 가장 훌륭하게 제공해줄 수 있다는 사실을 알기 때문이다.

핵심 포인트

❶ 독특한 가치를 제공하고, 지정된 유형의 고객들과 긴밀한 관계를 맺음으로써 경쟁에서 벗어난다.

❷ 자신이 만들어서 제공하는 가치의 범위를 확장해 독특한 가치를 제공한다.

❸ 독특한 가치를 제공함으로써 경쟁자들을 전략적 파트너 또는 고객으로 변화시킨다.

관계우선의 법칙

팀워크를 통해 독특한 가치를 만들어낸다

　개인의 독창성과 창의력은 모든 기업에 필수적이다. 그러나 오늘날의 기업환경에서는 팀워크 역시 필수적이다. 팀워크 덕분에 전략적 기업은 모든 활동과 자원을 정돈해서 자신이 선택한 유형의 고객들에게 독특한 가치를 제공할 수 있다. 팀워크는 중심이 잡힌 사고방식, 생산성 향상, 중복 업무의 감소, 의욕과 사기 향상 등을 낳는다.

　그러나 오늘날 대부분의 기업에서는 팀워크가 부족하다. 특히 제품우선의 법칙을 따르는 기업이 더욱 그러하다. 이런 기업에서는 사람, 전략, 시스템이 조화를 이루지 못한다. 심각할 정도로 분열되어 있기 때문이다. 예를 들어, 전형적인 제품 중심의 기업에서는 제조 부서와 마케팅 부서가 사용하는 정보 시스템이 서로 다르다. 따라서 이 두 부서는 정보를 쉽게 공유할 수 없다. 서로 다른 시스템을 통합하려면 충돌이 일어난다. 마치 전장에서 만난 중세의 군대 같다. 아무도 자신이 사용하던 시스템을 포기하고 싶어하지 않는다. 그들은 무슨 일이 있어도 꿈쩍하지 않고, 팀워크는 존재하지 않는다. 이런 환경에서 독특한 가치를 제공하는 것은 거의 불가능하다.

　이런 분열은 제품을 중심으로 삼은 기업의 여러 부문에서 나타난다. 예를 들어, 일관되지 않은 마케팅 메시지를 내놓는 경우가 있다. 팸플릿, 웹사이트, 이메일 소식지, 광고 등 각각의 마케팅 도구들이 서로 조금씩 다른 내용을 담고 있는 것이다. 직원 100명에게 이 회사가 하는 일을 설명해달라고 하면, 100개의 서로 다른 대답을 듣게 된다. 제품에 관해 발표하는 사람이 바뀔 때마다 그 내용이 달라진다. 이처럼 밖으로 제시되는 메시지에 일관성이 없는 것은 모든 직원이 고립된 채 일을 하기 때문이다. 이런 경우에는 대개 그 기업이 상징으로 내세우는 그래픽 이미지도 분열되어 있다. 팸플릿 모양이 웹사이트와 다르고, 서류 양식이 다르고, 회사의 로고 역시 약간씩 다르다.

이러한 분열은 정보의 수집, 처리, 저장 과정에 만성 질병과 같은 영향을 끼칠 수 있다. 종이에 적힌 정보는 회사 여기저기 각각 다른 서류정리 시스템에 묻혀 누군가의 책상 밑이나 멀리 떨어진 창고에 방치된다. 디지털정보는 하드 드라이브, 서버, 네트워크에 흩어져 있다. 이러한 정보를 찾아보려고 하면 시간이 많이 걸릴 뿐 아니라 매우 짜증스럽다. 게다가 아예 정보를 찾을 수 없거나, 찾아 내더라도 그 정보가 부정확하거나 불완전한 경우가 많다. 공통적인 시스템이 없기 때문에 정보를 다시 정리하는 것도 어렵다. 제각기 자기 나름의 방식으로 일을 처리한다.

전략적 차원에서 분열은 제품 중심 기업에 심각한 문제가 된다. 대부분의 경우 엔지니어링/제조 부서는 영업/마케팅 부서와 완전히 다른 모델과 전략을 이용한다. 트리니티 기어 및 피스톤봉의 사례(제1장 '관계우선의 법칙')에서 영업부는 각자의 필요에 맞게 제작된 제품을 원하는 고객의 요구에 열심히 부응하려 했지만, 기술부서는 표준화된 제품을 고집했다. 기술자들은 (같은 제품을 대량으로 생산하는) 제품우선의 법칙을 따른 반면, 영업부는 (독특한 가치 제공해서 소비자들과 좋은 관계를 맺으려고 노력하는) 관계우선의 법칙을 따른 탓이었다.

이러한 전략적 분열은 자기만의 주장을 지닌 다른 부서들에 의해 더욱 악화된다. 예를 들어, IT부서는 아마 첨단 IT 시스템의 설치에 초점을 맞출 것이다. 그러나 그들이 시스템을 구축하는 것이 과연 엔지니어링/제조 부서의 목적을 위해서인가, 아니면 판매/마케팅 부서의 목적을 위해서인가? 어쩌면 IT부서에도 나름대로 목적이 있는지 모른다. 분명한 것은 모든 사람이 서로 다른 사업 모델을 사용하면서 각각 다른 전략적 방향을 향해 나아간다면, 그 기업은 고객에게 독특한 가치를 제공하는 데 모든 노력과 자원을 집중할 수 없다는 점이다.

나는 전략 시스템을 감사할 때마다 분열된 모델, 전략, 시스템을 갖고 있는 기업이 높은 비용을 지불한다는 사실을 확인하게 된다. 감사를 하는 동안 회사 내 모든 사람에게 시스템에 대한 개인적 평가서를 작성하게 하는데, 직원들이 고객 중심의 활동(독특한 가치의 제공), 능력 개발(독특한 가치의 창출), 가치가 낮은 활동(기타 모든 활동)에 각각 얼마나 많은 시간을 할애하는지 퍼센트로 표시하게 되어 있다. 지금까지의 조사결과 응답자들이 이 3가지 활동에 할애한다고 대답한 시간의 평균치는 다음과 같다.

- 고객 중심의 활동 10%
- 능력개발 5%
- 가치가 낮은 활동 85%

이는 제품을 중심으로 하는 기업의 직원들이 고객에게 독특한 가치를 제공하거나 창출하는 데 쓰는 시간이 평균적으로 15%밖에 되지 않는다는 것을 의미한다. 좀 더 단도직입적으로 말한다면, 돈을 버는 활동에 쓰는 시간이 겨우 15%라는 의미다. 나머지 시간(85%)은 서류 작성, 컴퓨터 고장 수리, 캐비닛에서 서류 찾기, 전구 바꿔 끼우기, 스케줄 짜기, 정보 찾아 헤매기, 정보를 다시 타이핑하기, 데이터 조작하기, 회계사 및 변호사들과 회의하기, 이메일 열어보기, 이메일 읽기, 청구서 처리하기 등 가치가 낮은 활동에 낭비되고 있다. 다시 말해서, 회사에 돈을 한 푼도 벌어주지 못하는 일이다. 재미있는 것은 이러한 활동에 시간을 얼마나 쓰고 싶으냐는 질문을 던졌을 때, 응답자들이 평균적으로 다음과 같은 대답을 했다는 사실이다.

- 고객 중심의 활동 80%
- 능력 개발 15%
- 가치가 낮은 활동 5%

이 사람들은 독특한 가치를 창출해서 제공하는 데 자신의 시간 중 95%를 쓰고 싶어 한다. 가치가 낮은 활동에 할애하고 싶은 시간은 5%에 불과하다. 즉 현재의 상황과 거의 완벽하게 반대되는 상황을 바라고 있는 것이다. 사람들이 처한 현재의 상황과 그들이 원하는 상황 사이에 왜 이토록 커다란 차이가 존재하는 것일까? 제품 중심의 기업에서 일하는 사람들은 회사의 시스템이 분열되어 있기 때문에 독특한 가치를 창출하거나 제공하지 못한다. 시스템이 분열된 것은 사람들이 팀을 이뤄 일을 하지 않기 때문이다. 따라서 독특한 가치를 제공하는 것은 오로지 팀워크를 통해서만 가능하다.

팀워크를 북돋우려는 워크숍 등이 시작된 지 30년이 넘었는데도 대부분의 기업에서 팀워크가 실패하는 이유는 무엇일까? 세 가지 이유가 있다. 첫째, 제품을 중심으로 구축된 기업에서는 진정한 팀워크가 불가능하다. 이런 기업에서는 제품 부분과 고객 부문이 항상 충돌할 것이다. 진정한 팀워크는 기업 전체의 전략적 초점이 고객에게 맞춰져 있을 때에만 가능하다.

둘째, 대부분의 기업들은 계획을 짜고 전략적 결정을 내릴 때 여전히 산업시대적인 하향식 접근방법을 사용하고 있다. 경영진이 자기들끼리 위대한 비전을 만들어서 일꾼들에게 지시를 내리는 방식이다. 이런 독재적인 방식은 효과를 거둘 수 없다. 고도로 개인화된 오늘날의 노동자들은 자신들이 결정과정에 참여하지 않은 모든 계획에 저항할 것이다. 그러나 이보다 더 중요한 것은 노동자들의 핵심적인 지식이 포함되지 않았기 때문에 이런 계획이 어차피 효력을 발휘하지 못할 가능성이 크다는 점이다.

셋째, 팀워크 프로그램들이 실패하는 것은 기업들이 이른바 '팀워크 능력'을 제대로 이용하지 않기 때문이다. 기업들은 더 좋은 전략과 시스템을 위한 상세한 모델을 개발하기 위해 팀을 만들지 않는다. 분열된 시스템을 통합하기 위해 팀을 이루지도 않는다. 비전을 달성하기 위한 상세한 단계별 계획을 제시하지도 않는다. 팀 구성원 각자가 이 비전을 달성하기 위해 자발적으로 행동을 취할 수 있게 해주지 않는다. 그러나 가장 중요한 것은 이 기업들이 더 좋은 전략과 시스템을 개발하기 위해 시간, 돈, 자원을 투자하지 않는다는 점이다. (제7장 '전략적 기업으로 가는 12단계'에서 팀워크 능력을 실행에 옮기는 방법에 대해 설명하겠다.)

　전략적 기업이 되면, 팀워크를 실현하는 데 필요한 발전된 구조, 시스템, 방법, 기술을 갖게 될 것이다. 모든 직원이 지정된 유형의 고객에게 독특한 가치를 제공하는 데 초점을 맞출 것이고, 기업의 모든 시스템도 통합되어 독특한 가치를 제공할 수 있게 될 것이다. 또한 모든 직원이 똑같은 전략과 시스템을 사용하게 될 것이며, 회사에 대해 똑같은 메시지를 제시하게 될 것이다. 즉 팸플릿, 웹사이트, 영상, 광고, 보도자료, 제안서, 포장패키지 등 기업의 모든 마케팅 자료가 똑같은 모양과 메시지를 전달하게 되는 것이다. 기업의 모든 핵심 데이터는 회사 내의 누구나 접근 할 수 있는 통일된 데이터베이스 시스템에 저장될 것이다. 모든 직원이 회사의 목적, 회사의 실적, 발전을 위해 필요한 것을 잘 알게 될 것이다. 직원 각자는 자신이 맡은 일에 대해 개인적인 책임감을 느낄 것이며, 자신의 행동이 회사 전체에 어떤 영향을 끼치는지 이해하게 될 것이다.

　전략적 기업은 어떻게 해서 이처럼 통합된 팀워크를 달성하는 것일까? 다시 말하지만, 이 모든 것의 출발점은 관계우선의 법칙이다. 기업이 특정 유형의 고객들에게 독특한 가치를 제공하게 되면,

모든 직원이 자신의 역할과 자신이 회사에 기여할 수 있는 방법을 훨씬 쉽게 이해할 수 있다. 구체적으로 말한다면, 전략적 기업은 다음과 같은 팀 구성전략을 채택한다.

전략적 기업 팀을 만든다

이 팀은 회사 내 각 부서의 대표자들로 구성되어 있다. 이 팀의 구성원들은 서로 힘을 합쳐 상세한 미래 모델을 만들고, 집단적인 전략을 세우며, 이 모델과 전략을 뒷받침해줄 통일되고 통합된 시스템을 설계한다.

모든 사람의 의견을 반영한다

전략적 기업에서는 모든 사람이 새로운 비전을 개발하는 데 어떤 식으로든 참여한다. 전략적 기업 팀은 회사 내 모든 사람들로부터 의견을 받을 것이며, 그 의견을 모두 고려할 것이다. 이런 기업은 위에서 아래로 비전을 전달하는 대신 비전 개발 과정을 모든 직원과 공유하기 때문에 이를 달성하는 데 필요한 변화와 조치를 모두가 이해하게 된다.

비전과 전략을 모든 직원에게 분명하게 전달한다

전략적 기업 팀이 새로운 모델, 전략, 시스템을 고안해내면, 이 것이 회사 내 모든 사람에게 분명하게 전달되어야 한다. 모든 사람이 이 비전을 이해하고, 어떻게 이 비전을 달성할 것인지 알고 있어야 한다.

비전을 검토하고 중요한 결정들을 내리기 위해
정기적으로 회의를 연다

일단 팀워크를 다지는 작업에 착수하고 나면 이 과정을 유지하는 것이 매우 중요하다. 전략적 기업 팀은 비전을 검토하고, 이미 달성한 것을 축하하고, 새로운 전략적 결정을 위해 정기적으로(매주, 2주일마다, 매달, 분기별로, 또는 6개월마다) 회의를 열어야 한다.

핵심 포인트

❶ 팀워크는 기업의 모든 시스템과 전략을 통합하는 데 도움이 됨으로써 독특한 가치를 창출하고 제공하는 능력을 강화한다.

❷ 관계우선의 법칙을 사용한다면 팀을 이루어 일하기가 더 쉬워질 것이다.

❸ 전략적 기업 팀은 공동작업을 통해 기업을 위한 모델 시스템과 전략을 개발한다.

관계우선의 법칙

전략 4 　이상적인 시스템 모델을 구상한다

전략적 기업은 언제나 이상적인 결과에 대한 상세한 청사진이라고 할 수 있는 비전을 가지고 프로젝트를 시작한다. 나는 이 비전을 이상적인 시스템 모델이라고 부른다. 이 모델은 분명한 목적에 봉사하고 구체적인 목표를 달성할 수 있도록 설계되었다. 이 모델의 기반에는 기술, 물리적 구조, 사람 등의 영향을 받지 않는 기본적인 원칙과 전략이 있다.

예를 들어, 디지털 마케팅(또는 전자상거래) 시스템을 만들려면 우선 디지털 마케팅의 이상적인 시스템 모델을 설계해야 한다. 이를 위해 시스템의 목적, 달성해야 할 목표, 마케팅 전략, 관계 구축과정, 자신이 원하는 구체적인 커뮤니케이션 기능 등이 무엇인지 파악한다. 이상적인 시스템 모델을 만들 때 특정 기술이나 기존의 시스템을 참고하지는 않는다. 대신 완전히 백지 상태에서 작업을 시작한다. 모델을 완성한 후에야 그것을 뒷받침해줄 기술을 찾아 나서서 기존 시스템을 이용할 수 있는지 살핀다. 이상적인 시스템 모델에 사용할 수 없는 기존 시스템은 폐기한다. 이렇게 하면, 이미 보유하고 있는 특정 기술이나 시스템에 눈이 멀어서 엉뚱한 길로 빠지는 일을 막을 수 있다.

전략적 기업가는 어쩌면 기업 전체, 마케팅 프로그램, 가치 전달 시스템, 인적 자원과 물리적 자원 등을 위한 모델들을 만들어야 할지도 모른다. 사실 미래를 향해 나아가는 전략적 기업가는 계속 이런저런 모델을 만들어야 한다. 핵심은 언제나 이상적인 시스템 모델을 가지고 프로젝트를 시작해야 한다는 것이다. 어떤 조치를 취하거나 장비를 들여놓거나 투자를 하기 전에 고객 유형, 목적, 과정, 원칙, 전략을 분명하게 규정해야 한다.

나는 지난 30년 동안 4,000개 이상의 기업을 상대로 일을 하면서 이런 과정을 거치지 않고 일을 진행하는 것이 매우 위험하다는 사실을 분명하게 깨달았다. 기업이 스스로를 개선하거나 성장시키고 싶을 때 2가지 방법 중 하나를 선택한다는 것도 발견했다. 2가지 방법이란 점진적인 방법과 이상적인 시스템 모델을 뜻한다. 점진적인 방법을 사용하는 기업은 기존의 시스템을 단계별로 조금씩 개선한다. 즉 좀 더 전문적인 팸플릿을 만들고, 좀 더 의욕이 있는 영업사원을 고용하고, 컴퓨터에는 새로운 소프트웨어를 추가하는 식이다.

이러한 조치들이 회사에 얼마간 혜택을 가져다주기는 하지만, 기존 시스템의 첨가물에 지나지 않는다. 그리고 기존 시스템의 기본 구조에 결함이 있다면, 점진적 개선은 기업의 전체적인 운명에 긍정적인 영향을 주지 못할 것이다. 예를 들어, 어떤 기업이 세계 최고의 판매망을 갖고 있다 하더라도 핵심적인 사업 모델에 결함이 있다면 실패하고 말 것이다. 또는 세계에서 가장 멋진 웹사이트를 갖고 있다 하더라도 디지털 마케팅 모델에 결함이 있다면 이 사이트는 시간과 돈의 낭비에 지나지 않을 것이다.

불행히도 오늘날 대부분의 기업은 근본적으로 결함이 있는 시

관계우선의 법칙

스템을 여기저기 수리하는 것으로 성공을 거두려고 한다. 기업들이 이런 방법을 사용하는 것은 과거를 잊지 못하기 때문이다. 그들은 이미 이룩한 것에 너무 많은 투자를 했기 때문에 미래의 이상적인 모델을 그리지 못한다. 한심하게 설계된 기존 시스템에 수백만 달러를 투자했기 때문에 이상적인 데이터베이스 시스템을 만들어내지 못하고, 기존 웹사이트를 구축하는 데 3년이라는 시간을 쏟아부었기 때문에 더 효율적인 웹사이트를 만들지 못한다. 기존의 마케팅 도구와 프로그램이 별로 효과를 발휘하지 못하더라도 거기에 너무 많은 투자를 했기 때문에 더 좋은 마케팅 시스템을 만들어내지 못한다. 전통적인 투자, 단단하게 자리잡은 관료주의, 내분을 일으키는 사내의 정치적 역학관계에 묶여 있기 때문에 이상적인 미래에 대해서는 생각도 하지 않는다.

이렇게 조금씩 개선하는 점진적 방법이 비효율적인데도 기업들이 이를 이용하는 것은 이상적인 시스템을 실행에 옮기기 위해 변화를 일으킬 용기가 없기 때문이다. 그들은 훨씬 더 바람직한 미래를 위해 노력하느니 차라리 고생하는 편을 택한다.

마지막으로 대부분의 기업이 점진적인 방법을 이용하는 것은 산업혁명이 시작된 이래 200년이 넘게 이 방법을 사용해 왔기 때문이다. 제품우선의 법칙처럼 점진적인 방법 역시 문화 속에 깊이 배어 있다. 사람들은 미래를 만들어가는 다른 방법을 알지 못한다. 그러나 변화 속도가 빨라지고 있는 이 시대에 과거의 지도를 사용할 수는 없다. 우리는 항상 앞을 바라보아야 한다. 우리가 원하는 미래가 어떤 것인지 결정하고 그 이상을 향해 나아가야 한다.

기업들은 또한 테크노피아 때문에 점진적인 방법을 사용한다. 특정 기술을 중심으로 시스템을 구축한다는 의미다. 예를 들어, 데이터베이스 시스템을 구축하고 싶을 때 그들은 먼저 데이터베이스 소프트웨어를 구입하고 그것을 중심으로 시스템을 구축한다. 만약 그 소프트웨어에 자신들이 원하는 기능이 없다는 것을 발견하면, 현실과 적당히 타협하거나 또 다른 프로그램을 덧붙이려 한다. 결국 그 시스템은 목적을 달성하지도 못하면서 구축하는 데 엄청난 비용이 드는 괴물 같은 것으로 변해버린다. 대부분의 기업을 괴롭히고 있는 테크노피아가 컴퓨터와 관련된 시스템에만 작동하는 것은 아니다. 기업들이 특정 사무실 건물이나 특정인물, 또는 특정 마케팅 도구를 중심으로 기업 시스템을 구축할 때에도 테크노피아 증상이 나타난다. 이런 기업은 성공을 거두지 못한다. 구체적인 도구를 생각의 출발점으로 삼기 때문이다.

이를 분명히 이해하기 위해 EGO 언리미티드라는 기업의 사례를 살펴보자, 이 회사는 계속해서 점진적인 개선 방법을 사용하고 있기 때문에 실적의 정체상태에 붙들려 있다. 전기회사들을 위한 산업용 플랜지 축전지 제공업체 중 선두를 달리고 있는 EGO 언리미티드는 새로운 시장에 신제품을 내놓아 성장을 꾀하고 싶어하지만 벌써 3년 이상 제자리에 머물러 있다. 과거에 이 회사가 새로운 영업사원을 고용하고 새로운 마케팅 프로그램을 시작하며 성장하려고 애쓸 때마다, 회사의 시스템이 복잡해진 상황에 대처하지 못

관계우선의 법칙

했다. 영업부 인력을 2배로 늘렸을 때는 판매정보 시스템이 늘어난 통신량을 감당하지 못했고, 광고와 광고 인쇄물 발송 프로그램을 확대했을 때는 마케팅 부서가 제품관련 문헌에 대한 수요의 증가를 감당하지 못했다. 신제품을 시장에 내놓았을 때는 이 회사의 창고가 늘어난 주문량을 처리하지 못했다.

EGO 언리미티드가 이러한 문제들을 겪은 것은 이상적인 시스템 모델을 만들기 전에 행동에 나섰기 때문이다. 이 회사는 기존 시스템을 점진적으로 변화시키는 방식으로 더욱 많은 가치를 지닌 상품을 내놓으려고 했다. 그러나 불행히도 훨씬 더 작은 기업에 맞게 만들어진 기존 시스템들은 이 회사의 목적과 목표에 보조를 맞추지 못했다. 따라서 이 회사는 이미 보유하고 있던 시스템을 그저 확장만 할 것이 아니라, 영업, 제품, 마케팅 프로그램을 강화하기 전에 이상적인 시스템 모델을 먼저 만들 필요가 있다.

다행히도 점진적인 방법에서 이상적인 시스템 모델로 옮겨가는 것은 상당히 쉽다. 모든 프로젝트를 시작할 때마다 이상적인 시스템을 생각하면 된다. 먼저 이런 문제들을 생각해본다. 내가 정말로 달성하고 싶은 것이 무엇인가? 이 시스템의 목적은 무엇인가? 이 시스템이 어떤 작업을 뒷받침할 것인가? 이상적인 시스템은 어떤 형태를 띨까?

그다음에는 전략적 기업 팀과 함께 이상적인 시스템 모델의 상세한 설계도를 작성한다. 이상적인 시스템 모델을 철저하게 묘사하고 이 시스템을 구축하기 위해 필요한 조치가 무엇인지 파악해야 한다. 스스로에게 이런 질문들을 던져보라. 이 모델을 뒷받침하려면 어떤 기술이 필요한가? 이상적인 시스템을 구축하는 데 기존 시스템 중 활용 가능한 것은 무엇이고 폐기해야 할 부분은 무엇인가? 우리가 투자해야 할 새로운 사람과 새로운 자원은 어떤 것인가?

물론, 현실적으로 이상을 항상 달성할 수 있는 것은 아니다. 그리고 기업이 앞으로 나아가며 성장함에 따라 이상적인 모델에 대한 비전도 계속 바뀔 것이다. 또한 기존 시스템을 즉시 폐기하는 것이 불가능할 수도 있다. 정치적인 이유나 경제적인 이유로 지금 있는 것만 가지고 어떻게든 해나가야 할 수도 있다.

그러나 이러한 현실도 이상적인 시스템 모델을 모든 행동의 출발점으로 삼는 것의 가치를 가리지 못한다. 이 모델을 확립하고 나면, 우리는 즉시 이상에 좀 더 다가갈 수 있다. 이상적인 미래에 대한 비전이 우리의 모든 행동을 인도할 것이다. 이상을 향해 발전하는 데 필요한 시간, 돈, 자원을 갖고 있다면 자신이 어떤 행동을 취해야 하는지 알 수 있을 것이다. 엉뚱한 길로 빠져 방황하는 일은 일어나지 않는다. 이상이 등대가 되어줄 테니까. 해안에 도착하는데 생각보다 더 오래 걸릴 수는 있지만, 우리는 언제나 올바른 방향을 향해 나아갈 것이다. (제7장 '전략적 기업으로 가는 12단계'에서 이상적인 시스템 모델을 설계하고 실행하는 방법을 자세히 설명하겠다.)

핵심 포인트

❶ 행동에 나서기 전에, 이상적인 시스템 모델을 그리는 것으로 모든 프로젝트를 시작한다.

❷ 근본적으로 결함이 있는 기존 시스템의 점진적 향상을 시도한다면 의미 있는 발전은 불가능하다.

❸ 이상적인 시스템 모델을 출발점으로 삼으면, 각자가 갖고 있는 시간, 돈, 자원에 따라 자기만의 속도로 이상적인 시스템을 향해 나아갈 수 있다.

전략 5 · 고객과 양질의 관계구축을 위해 가치 있는 것을 무료로 제공한다

제2장 '세계적 현실'에서 이야기했듯이, 오늘날은 잠재고객과 접촉하기가 어렵다. 쉴 새 없는 광고문구의 공격으로 소비자들은 심각한 감각 과부하 현상을 겪고 있다. 상품 광고를 더 이상 듣고 싶지 않은 소비자들은 그것을 차단시키는 신기술 뒤로 몸을 숨긴다. 비서를 시켜 걸려오는 전화를 선별하고, TV를 볼 때 광고가 나오면 리모컨을 이용해 채널을 돌려버리며, 제품과 서비스를 큰소리로 선전하는 판매원들을 피하기 위해 수단과 방법을 가리지 않는다. 성공을 거두기 위해 전략적 기업인은 산업시대에 전통적으로 사용하던 적극적 판매방법을 버린다. 전략적 기업인은 잠재고객에게 물건을 팔려고 노력하는 대신, 뭔가 가치 있는 것을 제공하는 방식으로 관계를 맺어 잠재고객을 '끌어들인다'. 제2장에서 언급했듯이, 나는 이 방법을 사람을 끌어들이는 마케팅이라고 부른다.

중요한 전략들과 마찬가지로 사람을 끌어들이는 마케팅은 전략적 기업에 속속들이 배어 있는 철학이다. 새로운 모퉁이를 돌 때마다 전략적 기업은 상대에게서 뭔가 받을 생각을 하기 전에 먼저 가치 있는 것을 제공한다. 전략적 기업의 영업부서는 판매를 위한 발표회가 아니라 세미나를 개최한다. 전략적 기업의 웹사이트에는 팸플릿을 복사한 내용과 제품 카탈로그 대신 가치 있는 정보가 게재되어 있다. 전략적 기업의 점포들은 그저 물건을 구입하는 장소에서 탈피해 짜릿한 경험까지 제공한다. 이 모든 전략의 목적은 잠재 고객의 마음을 끌어 그들이 자발적으로 찾아오게 만드는 것이다.

EGO 언리미티드의 영업사원을 예로 들어보자. 지난 5년 동안 이 영업사원은 잠재고객을 상대로 제품을 열심히 광고했지만, 해가 갈수록 잠재고객에게 접근하기가 어려워지고 있다. 무작정 전화를 걸면 자동응답 서비스나 비서가 응답한다. 설사 직접 이야기를 하게 되더라도 고객은 이런저런 핑계를 대면서 만나자는 요청을 거절한다. 무슨 짓을 해도 산업용 플랜지 축전기를 설명하는 영업사원의 말을 듣고 싶어하는 사람이 전혀 없는 것 같다.

그렇다면 어떻게 해야 할까? 어떻게 하면 전기 공급 분야의 잠재고객들 마음에 접근할 수 있을까? 그 해답은 고객에게 뭔가 가치 있는 것을 제공해 관계를 맺는 것이다. 제품을 설명하는 대신 잠재고객의 전기 시설에 대한 무료 설문조사를 실시해주겠다고 말한다. 전기관리에 대한 세미나에 초청하고 여러 가지 자료를 제공한다. 또한 교육용 영상이나 데이터베이스, 혹은 회원제 웹사이트의 접속 권한 등도 제공한다. 이러한 조치가 잠재고객의 주의를 끌면, 그들은 여러 가지 무료 혜택을 받기 위해 먼저 이쪽을 찾아 올 것이다. 그 결과 영업사원은 잠재고객에게 자신을 소개하고 거래를 시작할 기회를 갖게 될 것이다.

끌어들이는 마케팅의 개념을 좀 더 잘 이해하기 위해, 웹사이트에 대해 생각해보자. 대부분의 웹사이트가 실패하는 것은 그것이 전자 팸플릿에 지나지 않기 때문이다. 웹사이트는 디지털 영업활동에 불과하다. 본질적으로 사람들의 생활 속으로 억지로 파고들지 않는 디지털 마케팅 환경 속에서 사람들은 특별한 이유가 없는 한 웹사이트를 방문하지 않는다. 제품, 직원, 공장의 규모 등에 대한 자랑을 늘어놓은 웹사이트는 재미가 없다. 그런 웹사이트는 어떤 가치도 제공해주지 않기 때문에 잠재고객들은 찾아올 생각을 하지 않는다. 그러나 사람을 끌어들이는 마케팅을 바탕으로 한 웹사이트는 훨씬 더 효과적이다. 만약 그 사이트가 잠재고객에게 중요한 정보, 유용한 데이터베이스, 전문가의 조언, 강력한 소프트웨어, 즐거움을 주는 내용 등 가치 있는 것들을 무료로 많이 제공한다면 잠재고객은 그 웹사이트에 끌리게 될 것이다.

전략적 기업은 판매 및 마케팅 과정에서 가치 있는 것들을 무료로 제공한다. 하지만 여기서 훨씬 더 나아갈 수도 있다. 질이 높은 서적, 동영상, 세미나, 온라인 서비스 등 마케팅 도구를 통해 수익을 올리는 것이 한 가지 예다. 전략적 기업은 이런 방법을 통해 마케팅 활동을 경비가 들어가는 활동에서 수익의 원천으로 바꿔놓을 수 있다. 나는 이것을 수익 마케팅revenue marketing이라고 부른다.

예를 들어, 이 책은 우리 회사의 수익 마케팅 프로젝트다. 사람들이 돈을 내고 이 책을 사는 것도 있고, 전략적 기업 프로그램의 마케팅에 도움이 된다는 점도 있다. 내가 이 마케팅 도구를 통해 돈을 벌 수 있는 것은 이 가치 있는 제품을 창출하기 위해 1년 이상을 투자했기 때문이다. 만약 내가 겨우 1주일을 투자해서 간단한 글이나 팸플릿을 만들었다면, 그것을 구입하려고 돈을 지불할 사람은 없을 것이다. 또한 마케팅 도구로도 덜 인상적일 것이다.

중요한 것은 잠재고객을 끌어들이고 싶다면, 그리고 마케팅 활동을 통해 돈까지 벌고 싶다면, 마케팅 프로그램에 더 높은 가치를 추가해야 한다는 점이다. 마케팅을 경비가 소요되는 활동으로 보는 대신, 잠재적인 수익의 원천이자 투자로 보아야 한다.

좋은 잠재고객을 끌어들이려면, 선택한 각각의 고객 유형에 대해 기준이 되는 홍보 아이디어controlling promotional idea를 개발할 필요가 있다. 이는 새로운 관계를 시작하기 위해 기업이 기꺼이 무료로 제공할 수 있는 가치를 분명하게 규정해놓은 보편적인 홍보 콘셉트를 말한다.

예를 들어, EGO 언리미티드는 '플랜지 효율 프로그램'이라고 불리는 홍보 아이디어를 개발했다. 전기회사들이 현재 사용 중인 플랜지 축전지의 효율성을 시험해주는 프로그램이다. 잠재고객이 EGO 언리미티드의 웹사이트에서 플랜지 효율성을 시험하는 소프트웨어를 직접 다운받는 것도 가능하고, 플랜지 축전지 기술에 대한 글을 모아놓은 데이터베이스에 접속할 수도 있다. (기준이 되는 홍보 아이디어에 대한 자세한 설명은 제7장 '전략적 기업으로 가는 12단계'에 나와 있다)

핵심 포인트

❶ 잠재고객과 접촉하기가 점점 더 어려워지고 있으므로, 그들이 자발적으로 이쪽을 찾아오도록 '끌어들여야' 한다.

❷ 잠재고객을 끌어들이기 위해서는 상품 설명을 하기 전에 가치 있는 것을 '무료로' 제공해야 한다.

❸ 무료로 가치 있는 것을 제공할 때, 아무런 조건을 달지 말아야 한다. 무엇을 제공할 것인지는 기준이 되는 홍보 아이디어에 의해 결정된다.

관계우선의 법칙

독특한 가치의 구성요소들을 제공한다

　제1장에서 우리는 트리니티 기어 및 피스톤봉이라는 회사를 살펴보았다. 기억하겠지만, 이 회사는 주문형 기어와 피스톤봉을 적시에 납품해달라는 고객들의 요구에 잘 부응하지 못했다. 이 회사의 정보 시스템, 제조 시스템, 유통 시스템은 애당초 고객 각자의 독특한 요구에 따를 수 없었다. 고객이 아니라 제품을 중심으로 구축된 시스템이기 때문이었다. 그 결과 이 회사는 고객들을 잃었고, 이윤을 올릴 수 있는 많은 기회를 놓쳤다.

　트리니티 기어 및 피스톤봉의 사례를 포함해서 제품을 우선하는 수백 곳의 다른 기업에서 배울 수 있는 교훈은 분명하다. 빠르게 움직이는 오늘날의 시장에서 성공하려면 예측하지 못한 기회가 생겼을 때 그 기회를 잡아야 한다는 것이다. 자신이 지닌 독특한 가치를 새로운 방식으로 신속히 조합해서 잠재고객들의 개별적인 요구를 충족해주어야 한다. 모든 시스템과 전략은 반드시 신속한 주문 생산 체제로의 변화를 뒷받침할 수 있어야 한다. 제품, 서비스, 정보, 지식, 인적 자원 등 기업이 갖고 있는 모든 자산은 가장 기본적인 구성요소로 분해해야 한다. 그리고 데이터베이스 시스템은 이 구성요소들을 재빨리, 혹은 이상적으로 한데 모아서 고객들이 스스로 조합할 수 있게 해주어야 한다.

　전략적 기업이 독특한 가치의 구성요소, 즉 가치 요소를 제공하는 것은 이 때문이다. 전략적 기업은 특정 제품이나 서비스를 중심으로 시스템과 전략을 구축하는 대신, 무한히 다양한 방법으로 조합할 수 있는 가치 요소를 지속적으로 제공하는 방법을 개발한다. 이런 방법을 통해 전략적 기업은 변화 속도가 점점 빨라지고, 경쟁이 심해지고, 즉각적인 커뮤니케이션이 가능한 시대에 번영을 누릴 수 있다.

가치 요소의 개념을 설명하기 위해, 아이보리 타워라는 가상의 교과서 출판사를 예로 들어보자. 과거에 이 회사는 전 세계에서 5,000종 이상의 교과서를 출판했다. 또한 수많은 경쟁자들과 경쟁하느라 소비재의 함정에 붙들려 있었다. 수백 개에 달하는 다른 교과서 출판사들과 이 회사는 모두 거기서 거기로 보였다. 그러나 아이보리 타워는 가치 요소에 대해 알게 된 다음 자사의 교과서가 사실상 10만 개 이상의 서로 다른 요소, 즉 장(章), 개별적인 글, 사례 연구, 연구 노트, 분석 등으로 구성되어 있다는 사실을 깨달았다. 그래서 이 구성요소들과 그 내용을 담은 데이터베이스를 만들었다. 이 회사의 고객인 학생들과 학자들은 이제 이 구성요소들을 조합해서 자기만의 독특한 교과서를 만들 수 있게 되었다. 이렇게 고객의 필요에 맞춘 단 하나뿐인 교과서는 온라인을 통해 만들어서 다운로드할 수도 있고, 주문량이 큰 경우에는 책으로 인쇄할 수도 있다.

아이보리 타워 출판사는 이 방법을 통해 이제 각각의 고객에게 독특한 가치를 제공할 수 있게 되었다. 이 회사는 책을 미리 인쇄하거나 재고를 유지할 필요가 없기 때문에 과거보다 높은 이윤을 올리고 있다. 또한 자사 교과서 가격을 더 높게 책정할 수도 있다. 각각의 교과서가 주문에 맞춰 생산된 것이기 때문이다. 아이보리 타워는 또한 자신이 보유하고 있는 구성요소를 고객이 선택했을 때에만 그 제공자(작가, 학자, 교사)에게 돈을 지불한다.

특정 제품(교과서)을 바탕으로 한 사업 모델에서 가치 요소(정보 요소)를 바탕으로 한 모델로 옮겨감으로써 아이보리 타워 출판사는 이제 변화 속노가 빨라지고, 경쟁이 심해지고, 즉각적인 커뮤니케이션이 가능해진 현실 '덕분에' 높은 실적을 올리고 있다. 고객들이 항상 새로운 정보를 원하기 때문에 이 회사는 이제 변화를 환영한다. 다른 출판사와 경쟁할 필요도 없다. 다른 출판사들은 모두 특정한 교과서를 팔고 있기 때문이다. 사실, 이 회사의 많은 경쟁사들이 이 회사의 거래처가 되었다. 그들은 아이보리 타워에 가치 요소의 원료를 공급해준다. 게다가 이메일이나 인터넷 같은 즉각적인 커뮤니케이션 기술 덕분에 아이보리 타워는 전 세계 사람들에게 가치 요소를 값싸게 제공할 수 있게 되었다. 다시 말해서, 아이보리 타워는 지금의 세계적 현실 때문에 성공하고 있는 것이다.

가치 요소라는 개념은 제품과 서비스뿐만 아니라 전략적 기업의 모든 시스템과 전략에도 적용된다. 예를 들어, 마케팅 자료는 구성요소들로 나뉜다. 전략적 기업은 며칠 혹은 몇 달 만에 시대에 뒤떨어진 것이 되어버리는 팸플릿을 인쇄하는 대신 마케팅 자료의 구성요소들을 이용해서 독특한 팸플릿을 만든다. 고객이 회사에 대한 정보를 요구하면, 전략적 기업은 고객 개개인의 독특한 요구에 맞춘 홍보 패키지를 재빨리 보내줄 수 있다.

이러한 기업은 또 직원 개개인의 능력과 지식을 수록한 데이터 베이스를 만들 수도 있다. 직원들이 갖고 있는 각각의 능력은 별도의 가치 요소로 간주된다. 회사는 특정 프로젝트를 완수하고 싶을 때, 그 프로젝트에 어떤 능력이 필요한지 파악한다. 그리고 이 능력을 갖춘 사람들을 한데 모아 프로젝트팀을 구성한다.

셋째는 서류정리 시스템이다. 인쇄물과 디지털 형태로 된 정보의 모든 아이템은 자신들이 속한 구성요소 부문에 저장된다. 예를 들어, 2,000장 이상의 사진으로 구성된 자료실을 만든다고 가정해보자. 여기에는 각각의 사진을 별도의 구성요소로 취급해서 번호를 붙여 관리할 수 있는 데이터베이스가 사용된다. 나중에 이 사진 중 일부를 뽑아 하나의 집단으로 묶고 싶을 때 이 데이터베이스를 이용해서 재빨리 사진을 찾아 조합할 수 있다.

구성요소 기반의 시스템과 전략은 데이터베이스로 관리되기 때문에 많은 장점을 지니고 있다. 제품과 서비스를 주문에 맞춰 생산해서 제공할 수 있을 정도로 유연하고, 이윤을 올릴 수 있는 뜻밖의 기회에 재빨리 대처할 수 있게 해준다. 또한 구성요소 기반의 시스템을 제대로 설계하기만 한다면 무한한 확장이 가능하다. 가치 요소를 한없이 추가할 수 있다는 뜻이다. 이 밖에도 구성요소 기반의 시스템은 특정한 유형의 고객들에게 독특하게 필요한 것들을 제공할 수 있는 능력, 새로운 유형의 고객을 쉽게 확보할 수 있는 능력을 부여해준다. 게다가 구성요소 기반의 시스템이 워낙 효율적이기 때문에 기업은 고객에게 초점을 맞춘 활동(가치 제공)과 능력 개발(가치 창출)에 더 많은 시간을 쏟을 수 있게 된다.

핵심 포인트

❶ 변화 속도가 점점 빨라지는 시대에 성공하려면, 특정 제품이나 서비스 대신 독특한 가치의 구성요소, 즉 가치 요소를 제공해야 한다.

❷ 가치 요소를 제공함으로써 고객과 잠재고객의 독특한 요구에 더 쉽게 부응할 수 있으며, 이윤을 올릴 수 있는 뜻밖의 기회를 잡을 수 있다.

❸ 가치 요소라는 개념은 전략적 기업이 사용하는 모든 시스템과 전략에 적용해야 한다.

광범위한 해결책을 제공하는 능력을 개발한다

　　대부분의 기업은 실적의 정체상태를 결코 극복하지 못한다. 능력 대신 도구를 개발하는 데 많은 시간과 노력, 돈을 투자하기 때문이다. 어느 기업이 소매상 박람회를 위해 새로운 기업 소개 팸플릿을 만들려고 그래픽 디자이너를 고용한다고 가정해보자. 팸플릿은 매우 근사해서 박람회에 참가한 소매상들 사이에서 커다란 인기를 끈다. 그러나 6개월 후 문제가 생긴다. 이번에는 도매상 박람회를 준비해야 하는데, 소매상 박람회 때 만든 팸플릿을 다시 쓸 수는 없다. 게다가 그 내용 중 상당부분이 지나간 정보가 되었다. 6개월 동안 이 기업이 신제품을 10개나 더 내놓았고, 상점을 3군데 더 열었기 때문이다. 이 기업은 전의 그 그래픽 디자이너를 다시 불러 새로운 팸플릿을 만들려고 하지만, 그 디자이너는 이 일을 맡을 수 없는 상황이다. 이 기업이 원점으로 돌아가서 팸플릿을 처음부터 다시 만들어야 하는 처지가 된 것이다. 이런 문제를 겪게 된 것은 능력(빠르고 쉽게 상황에 맞는 팸플릿을 만들 수 있는 능력) 대신 도구(팸플릿)를 개발했기 때문이다.

　　이제는 전략적 기업을 살펴보자. 똑같은 소매상 박람회를 위해 전략적 기업은 상당히 다른 방법을 선택했다. 도구를 만드는 대신 능력, 즉 자사가 보유하고 있는 300개의 제품과 서비스를 수록한 데이터베이스를 개발한 것이다. 이 데이터베이스 프로젝트에는 팸플릿을 만들 때보다 더 많은 시간, 노력, 돈이 들었지만, 이 새로운 시스템의 우월함이 곧 드러났다. 소매상 박람회를 위해 마케팅 담당자는 이 데이터베이스에서 소매용 제품 목록을 골라 팸플릿을 만들었다. 그리고 6개월 후에는 도매용 제품 목록을 골라 도매상을 위한 팸플릿을 만들었다. 회사 내 다른 사람들도 여러 가지 일에 이 제품 데이터베이스를 사용하기 시작했다. 영업부는 고객의 특성에 맞춘 상품 설명 패키지 준비에 이 데이터베이스를 이용했고, 엔지니어링 부서는 제품 사양을 기록하고 정보를 꺼내 보는 데 이 데이터베이스를 이용했다. 또 재정부서는 가격 목록과 제품 송장을 만드는 데 이 데이터베이스를 이용했다. 유통부서 역시 재고물품 기록을 만드는 데 이 데이터베이스를 이용했다. 게다가 마케팅 담당자는 이 데이터베이스를 웹사이트의 온라인 카탈로그로도 이용할 수 있다는 사실을 알게 되었다.

전략적 기업은 이처럼 능력 개발을 통해 생산성과 유연성으로 엄청나게 향상시킬 수 있었다. 새로운 기회가 등장하면, 이 제품 데이터베이스 덕분에 독특하고 전문적인 해결책을 신속히 내놓을 수 있다. 처음 만들 때는 팸플릿을 만드는 것보다 더 많은 돈이 들어갔지만, 몇 달 만에 본전을 뽑을 수 있었다. 이제 새로운 팸플릿을 처음부터 다시 만들어야 하는 일은 결코 발생하지 않을 것이다.

이 중요한 전략을 설명하기 위해서는 '도구'와 '능력'이라는 단어를 더 명확하게 정의해야 한다. 도구는 제한된 소수의 사람들을 위해 특정 문제에 대한 즉각적인 해결책이나 단기적인 혜택을 제공한다. 도구는 대개 한 사람 또는 한 부서에 의해 별도로 만들어지며, 다른 사람이나 다른 부서가 쉽게 사용할 수 없다. 도구는 특정 목석에만 적절하게 쓰일 수 있으며, 수명도 짧다. 그 결과 도구를 개발하기 위해 투자된 시간, 돈, 노력에서 얻어지는 수익이 지극히 낮다.

예를 들어 EGO 언리미티드의 마케팅 부서에서 일하는 베아트리스는 소식지 《EGO 리포트》를 배포하기 위한 데이터베이스를 만드느라 5년을 소비했다. 그녀는 뉴스레터 피플라이저라는 이름의 데이터베이스 프로그램을 이용해서 2만 5,000명 이상의 고객 목록을 만들었다. 베아트리스는 자신의 데이터베이스를 너무나 좋아한다. 그러나 이 데이터베이스를 이용하는 사람은 그녀뿐이다. 광고용 인쇄물을 발송하는 부서에서 일하는 호레이스는 20만 명 이상의 이름이 수록된 자기만의 데이터베이스를 따로 가지고 있다. 그는 다이렉트파인더라는 프로그램을 이용한다. 한편, 재정부서에서는 페리가 북소프트라는 프로그램을 이용해서 고객들의 지불내용을 기록해두고 있다.

베아트리스, 호레이스, 페리가 자기들 나름의 소프트웨어 프로그램을 사용해서 개인적인 생산성은 높였을 가능성은 있다. 그러나 여기에는 한 가지 커다란 문제가 있다. EGO 언리미티드가 도구에 초점을 맞춘 탓에, 여러 부서가 정보를 공유할 수 있는 능력을 잃어버렸다는 것이다. 이 회사는 데이터를 꺼내서 재빨리 또는 혁신적으로 이용하지 못한다. 예측하지 못했던 새로운 기회에 대처하기도 어렵다. 베아트리스, 호레이스, 페리가 할 수 있는 일에도 한계가 있다. 뉴스레터 피플라이저는 소식지를 관리하는 데 도움이 되지만, 베아트리스가 판매회의나 고객을 위한 발표회를 관리하는 데는 도움이 되지 못한다. 이 작업을 위해서는 또 다른 소프트웨어 프로그램을 사용해야 한다. 그리고 한 데이터베이스에서 다른 데이터베이스로 정보를 옮기는 데에도 많은 시간을 소비해야 한다. 지극히 비효율적이다. 따라서 베아트리스는 정보를 찾아서 처리하고 배포하는, 가치가 낮은 활동에 많은 시간을 소비할 뿐 가치를 창출해서 고객들에게 제공하는 작업에는 거의 시간을 쓰지 못한다.

반면, 능력은 기업과 관련된 모든 사람에게 장기적인 혜택과 광범위한 해결책을 제공해준다. 능력은 개인이 아니라 팀에 의해 만들어지며, 장기적인 안목으로 설계되어 회사 전체에 적용되는 시스템이다. 또 전략적 기업이 미처 예측하지 못했던 새로운 기회를 잡는 데 도움이 된다. 능력은 현재가 아니라 미래를 위한 투자다. 또한 전략적 기업이 실적의 정체상태로부터 자유로워지게 해준다. 능력은 기업 활동의 모든 분야에서 생산성과 유연성을 증가시킴으로써 직원들이 가치 창출과 제공에 쓸 수 있는 시간을 늘려주고, 가치가 낮은 활동에 소비하는 시간을 줄여준다. 이렇게 시간관리 방법이 향상되면 직원들은 더욱 자유로워져서 더 많은 능력을 개발하는 데 시간을 쏟을 수 있게 되고, 새로운 능력은 가치를 창출하고 제공할 수 있는 능력을 또다시 향상시켜준다. 도구가 아니라 능력을 바탕으로 한 이러한 발전은 전략적 기업이 반복적으로 도구를 만들어내는 기업보다 훨씬 더 성장하고 성공할 수 있게 해준다.

각자의 분야에서 도구가 아니라 능력을 개발할 수 있는 방법의 사례를 몇 가지 꼽아보면 다음과 같다.

전략적 기획

특정 이슈를 처리하기 위한 전술(도구)을 개발하는 대신 이슈가 생길 때마다 재빠르고 효율적으로 대처할 수 있게 해주는 장기적인 모델과 전략(능력)을 개발한다.

제조

특정 부품을 만드는 기계(도구)를 사들이는 대신, 수많은 종류의 부품을 만들 수 있도록 재빨리 전환할 수 있는 기계(능력)를 구입한다.

소프트웨어

특정 기능을 수행하는 소프트웨어(도구)를 사용하는 대신, 사용자의 필요에 따라 프로그램과 소프트웨어 솔루션을 만들어낼 수 있는 '집짓기 형' 소프트웨어(능력)를 사용한다.

마케팅 자료

팸플릿과 같은 특정 마케팅 자료(도구)를 만드는 대신, 상황에 맞는 자료를 빠르고 쉽게 만들 수 있는 시스템(능력)을 개발한다.

사무실 정리

혼란스러운 사무실을 매달 정리하는(도구) 대신, 사무실을 언제나 깨끗하고 단정하게 유지해주는 정리 시스템(능력)을 개발한다.

직원

특정 작업을 위해 항상 새로운 직원(도구)을 찾아 헤매는 대신, 필요할 때 재능 있는 사람을 찾아서 고용할 수 있게 해주는 시스템(능력)을 개발한다.

팀

특정 프로젝트를 위한 팀(도구)을 구성하는 대신, 빠르게 팀을 구성해서 그 팀이 효율적으로 작업할 수 있게 해주는 시스템(능력)을 개발한다.

훈련과 교육

직원들에게 특정 작업을 수행하는 법을 가르치는(도구) 대신, 그들에게 기본적인 원칙과 개념을 가르쳐서 새로운 임무가 주어졌을 때 그들이 스스로 혁신할 수 있게 한다(능력).

대부분의 사람들이 능력이 도구보다 훨씬 낮다는 것을 알고 있는데도, 거의 전적으로 도구에만 초점을 맞추는 데에는 여러 가지 이유가 있다.

첫째, 그들은 능력을 개발하기 위해 추가로 돈을 들이고 싶어하지 않는다. 그들이 재정을 단기적인 관점에서만 바라본다. 둘째, 더 나은 시스템을 구축하는 데 시간을 투자하려 하지 않는다. 그들은 시간에 너무 쫓기는 데다가 할 일이 너무 많다. 그러나 도구를 만들어 사용하는 한 결코 시간의 굴레에서 벗어나지 못한다는 점이 역설적이다. 언제나 너무 바빠서 시스템을 향상시키지 못할 것이다. 셋째, 능력이라는 개념을 전혀 이해하지 못한다. 심지어 시스템을 향상시킬 생각조차 하지 못한다. 따라서 실적의 정체상태 속에서 영원히 시들어갈 운명이다.

능력과 도구 사이의 전투는 사업 모델과 전략 분야에서도 찾아볼 수 있다. 기업 지도자들은 대개 너무 바쁘거나 너무 근시안이라서 더 나은 사업 모델이나 더 효율적인 전략에 투자하지 못한다.

그들은 새로운 사업 모델을 개발하는 데 시간을 들이기보다는 차라리 별로 효과가 없는 낡은 사업 모델을 계속 사용하는 편을 택한다. 또는 매일 조치를 취해야 하는 상황에서 벗어날 생각이 별로 없어서 효과가 없는 전략을 계속해서 사용한다. 마찬가지로 자신의 사업 모델과 전략을 끊임없이 평가할 수 있는 시스템을 확립하지 않는다. 다시 말하지만, 특정 모델과 전략(도구)에 이런 식으로 초점을 맞추는 기업은 실적의 정체상태에 갇혀 빠져나오지 못한다.

전략적 기업을 구축하려면 먼저 더 나은 능력을 개발해야 한다. 시간을 들이고 돈을 투자해서 더 나은 시스템을 기획하고 구축해야 하는 것이다. (제7장 '전략적 기업으로 가는 12단계'에서 기업이 새로운 능력을 기획하고 구축하는 법을 설명하겠다.)

 핵심 포인트

❶ 도구는 제한된 사람에게 특정 문제에 대한 즉각적인 해결책 또는 단기적인 혜택을 제공한다.

❷ 능력은 기업과 관련된 모든 사람에게 장기적인 혜택과 광범위한 해결책을 제공한다.

❸ 도구가 아니라 능력을 개발하면, 직원들이 가치를 창출해서 고객에게 제공하는 일에 쓸 수 있는 시간이 늘어난다.

2보 전진을 위한 1보 후퇴를 감수한다

기업이나 개인이 실적의 정체상태에 붙들려 오도 가도 못하게 되는 이유는 그들이 미래에 더 커다란 성과를 거두기 위해 매출이나 생산성의 단기적 감소를 감수하려 하지 않기 때문이다. 그들은 2보 전진을 위한 1보 후퇴를 달가워하지 않는다.

20여 년 동안 고등학교 교사들에게 교육용 제품과 서비스를 판매한 회사를 예로 들어보자. 요즘 들어 매출이 제자리걸음을 하고 있지만, 아직 이 회사는 그럭저럭 이윤을 올리고 있다. 자기 아이를 직접 가르치고 싶어하는 부모에게 맞게 제품을 변형시킨다면 사업이 크게 확장될 수 있다는 연구결과가 나왔지만, 새 제품을 만들어서 새 시장에서 홍보하려면 많은 돈과 시간을 투자해야 한다. 게다가 기존 시장에서 자원을 빼와야 하기 때문에 1년 동안 전체적인 매출이 감소할 것이다.

학부모 시장을 공략해야 한다고 열심히 주장하기는 했으나, 수입과 배당금이 감소하면 투자자들이 가만히 있지 않을 것이다. 게다가 고위 간부들 역시 아무리 일시적이라 해도 수익이 감소하면 일자리를 잃게 되지 않을까 두려워한다. 따라서 새로운 시장을 개척하는 계획은 보류되고, 이 기업은 교사들에게 교재를 파는 사업을 계속한다. 이 기업이 2보 전진을 위한 1보 후퇴를 감수할 용의가 없기 때문에, 더 크고 밝은 미래를 맞이할 가능성이 그리 크지 않다.

슬프게도 대부분의 기업은 크든 작든 이 방법을 택한다. 위험을 무릅쓰지 않기 때문에 성장도 멈춰버린다. 어찌 보면 역설이다. 대부분의 기업은 2보 전진을 위한 1보 후퇴를 망설이지 않았던 기업가들이 시작했기 때문이다. 이 기업가들은 창업하기 위해 아마 직장을 그만두거나 대규모 투자를 한 경험이 있을 것이다. 처음에는 돈을 거의 벌지 못했겠지만 시간이 흐르면서 결국 그만큼의 성과를 거뒀다. 2보 전진을 위한 1보 후퇴로 밝은 미래를 실현한 것이다. 그러나 불행히도 그 기업가 본인 또는 그 후계자가 언제부터인지 위험을 무릅쓰고 모험을 하는 것을 그만두어버렸다. 이미 일정 수준에 올라 안락함을 누리고 있기 때문에 그들은 다시 불편해지려 하지 않는다. 그래서 그들은 실적의 정체상태에 붙들려 시들어간다.

반면 전략적 기업가는 완전히 다른 방법을 택한다. 독특한 가치를 새로이 창출해서 새로운 유형의 고객들을 공략하기로 결정하면 전략적 후퇴를 준비하고 실행한다. 직원, 고위 간부, 투자자, 은행 관계자, 공급업체, 고객 등 이 회사와 관련된 사람들은 2보 전진을 위한 1보 후퇴가 불가피한 일임을 잘 알고 있다. 판매수익이 6개월 동안 일시적으로 감소하면, 그들은 이 기업이 새로운 가치 창출에 시간을 쏟기 위해 기존 가치의 제공을 중단했음을 알아차린다. 당황하는 사람은 아무도 없다. 미리 계획하고 있던 전략적 후퇴를 이유가 있어서, 즉 더 커다란 장기적 목표를 위해 실행했을 뿐이다. 전략적 기업은 계획된 전략적 후퇴 이후에 극적인 성장기가 이어지는 경험을 연달아 거치면서 계속 성장한다.

전략적 기업을 구축하려면 이 전략을 기업의 문화에 통합시켜야 한다. 모든 직원이 2보 전진을 위해 기꺼이 1보 후퇴를 하는 자세를 갖고 있어야 하며, 이를 실천에 옮길 수 있어야 한다. 예를 들어, 사무실이 제대로 정돈되어 있지 않다면 사무실을 정돈하기 위해 시간을 내야 한다. 그렇게 하면 미래에 훨씬 더 많은 가치를 지닌 제품들을 만들어낼 수 있을 것이다. 마케팅 프로그램이 효과가 없다면 프로그램 실행을 중단하고 더 좋은 프로그램을 만들어야 한다. 마케팅 프로그램의 중단으로 인한 단기적인 판매 감소는 미래에 더 많은 판매실적이라는 형태로 보상받을 것이다. 컴퓨터 시스템이 비효율적인 경우도 있다. 그런 경우에는 이 컴퓨터 시스템 사용을 중단하고 더 좋은 시스템을 만들어야 한다. 여기서 말하고자 하는 교훈은 간단하다. 시간을 들이면 장기적으로 훨씬 더 효율적인 기업이 될 수 있다는 것이다. 앞에서 예로 든 각각의 사례에서 장기적인 혜택이 현실로 나타난 것은 관련자들이 2보 전진을 위한 1보 후퇴를 기꺼이 받아들였기 때문이다.

전략적 후퇴라는 개념이 이 전략의 실행에 도움이 될 것이다. 구조조정이나 조직 개편, 또는 설비의 재정비가 필요한 기업은 전략적 후퇴를 계획해서 실행에 옮기기만 하면 된다. 전략적 후퇴를 미리 계획하고 일정을 정한다. 그리고 거기에 소요되는 비용을 따로 챙겨놓는다. 자신의 의도를 사람들에게 설명하고, 성장을 멈추고 쉬어 가는 목적이 무엇인지 밝힌다. 계획된 후퇴를 몇 번 거듭하다 보면 기업이 계속 나아져서 끊임없이 성장 할 수 있는 능력을 얻게 될 것이다.

핵심 포인트

❶ 더 크고 밝은 미래를 실현하려면 2보 전진을 위한 1보 후퇴를 해야
한다.

❷ 독특한 가치를 새로이 창출하기 위해 수익과 생산성의 단기적 감
소를 감수하는 기업은 장차 최고 수준으로 성장할 가능성이 가장
크다.

❸ 투자자, 고위 간부, 직원 등 관련자들에게서 일시적인 후퇴에 대한
지지를 얻어내려면, 전략적 후퇴를 계획하고 준비한 다음 실행해
야 한다.

성장의 원동력이 되는 전략을 개발하라

이번 장에 제시된 8가지 가장 중요한 전략을 채택한다면, 여러 분의 기업은 성공을 거둘 확률이 높아진다. 이 8가지 전략은, 시대에 뒤떨어진 제품우선의 법칙 대신 새로운 관계우선의 법칙을 채택하는 데 도움이 될 것이다. 세계적 현실에 대처하고, 성장을 제한하는 요인들을 처리해 실적의 정체상태를 극복하는 데도 도움이 될 것이다. 그러나 가장 중요한 것은, 전략적 기업의 중요한 면모를 갖추는 데 이 전략들이 도움이 된다는 점이다. 기업의 문화 속에 배어 있는 전략들을 파악하고 장악하는 능력이 바로 그것이다. 나는 이 능력을 '전략 중의 전략'이라고 부른다.

8개의 중요한 전략을 이해하고 채택하면 전략적으로 훨씬 더 높은 차원, 즉 개념, 상징, 원칙, 세계관의 차원에서 움직이게 된다. (제품우선의 법칙과 같은) 기업에 해로운 낡은 전략들을 파악해서 버릴 수 있게 되고, (관계우선의 법칙과 같은) 기업이 앞으로 나아가는 데 원동력이 될 새롭고 긍정적인 전략들을 개발할 수 있을 것이다. 기업을 지배해온 심층 심리와 문화적 영향을 파악해서 대처할 수 있으며, 자신에게 가장 중요한 전략을 만들어서 사용할 수 있게 될 것이다. 전략적 기업이 만들어지는 것이다.

다음 장 '전략적 기업 모델'에서는 전략적 기업을 자세히 설명하겠다.

chapter 05

전략적 기업 모델

사실상 무결점의 효율성은 빵을 얻기 위한 투쟁 속에서 자연스럽게 달성할 수 있다. 그러나 그 이상의 것이 있다. 단순한 기능 이상의 사랑과 자부심이 미묘하고 분명하게 닿아 있는 더 높은 지점, 모든 작품에 거의 예술과도 같은 마지막 손질을 해주는 영감 같은 것, 그것은 예술이다.

_ 조지프 콘래드, 《바다의 거울》

기업을 전략적 기업으로 변화시키는 것은 단순히 돈이나 생산성을 위한 일이 아니다. 하나의 예술작품이라고 할 수 있는 전략적 기업이 이상으로 삼는 완벽한 기업의 원형은, 변화 속도가 점점 빨라지고 경쟁이 심해지고 즉각적 커뮤니케이션이 가능해진 21세기에 성공할 수 있는 조직이다. 모든 이상적인 모델과 마찬가지로 전략적 기업도 도저히 도달할 수 없는 완벽함을 상징한다.

지금까지 어느 누구도 완벽한 기업을 만들어내지 못했고, 앞으로도 만들지 못할 것이다. 그러나 전략적 기업 모델은 포부를 가지고 동경할 수 있는 이상을 제공한다. 이 모델은 여러분이 기업을 구축하고 변화시킬 때 의욕을 북돋아주고 지침이 되어줄 것이다. 즉 당신 나름의 예술작품을 만들 수 있게 해줄 것이다.

전략적 기업 모델의 특징은 다음과 같다.

관계우선의 법칙

관계우선의 법칙을 기반으로 한 사업 모델

전략적 기업은 우리가 한층 활동적인 세상에서 살고 있다는 사실을 받아들이고, 산업혁명 때 탄생한 낡은 사업 모델이 21세기에는 더 이상 효력을 발휘하지 못한다는 것을 인정한다. 그 결과 전략적 기업은 제품우선의 법칙(제품×커디란 숫자 = 성공)을 버리고 관계우선의 법칙(고객과의 긴밀한 관계×독특한 가치 = 성공)을 채택했다.

전략적 기업의 목표는 특정 유형의 고객에게 독특한 가치를 제공해서 좋은 관계를 맺는 것이다. 전략적 기업의 모든 전략, 시스템, 능력, 마케팅 프로그램은 제품이나 서비스 중심이 아니라 고객 중심으로 설계되어 있다.

전략은 고객 유형에서 시작된다

전략적 기업이 첫째로 할 일은 고객의 유형을 선택하는 것이다. 전략적 기업은 자신의 경험, 전문지식, 능력, 경쟁적인 환경, 시장의 잠재력 등 여러 가지 요인을 바탕으로 고객을 선택한다. 중요한 것은 전략적 기업이 먼저 택하는 것이 제품이나 서비스가 아니라 고객이라는 사실이다.

예를 들어, 개를 기르는 사람, 기업 사장, 또는 농부를 고객으로 선택할 수도 있고, 더 구체적으로 불독을 기르는 사람, 소프트웨어 기업의 사장, 에뮤를 기르는 농부를 고객으로 선택할 수도 있다. 심지어 특정 유형의 고객을 위한 제품이나 서비스를 아직 개발하지 않은 상태에서 그 유형의 고객을 선택할 수도 있다. (주의 : 전략적 기업은 여러 유형의 고객을 선택할 수 있다. 그러나 각각의 유형을 별도로 대해야 한다. 심한 경우에는 유형별로 별도 기업을 설립하는 상황이 될 수도 있다.)

독특한 가치를 구성요소로 분해한다

전략적 기업은 고객을 선택한 후 독특한 가치의 구성요소들을 개발한다. 이 구성요소들은 기업의 연구결과와 경험을 통해 고객의 관심을 끌 만하다고 밝혀진 제품, 서비스, 정보의 가장 작은 단위이며, 기업이나 고객 자신이 이들을 직접 조합해 각자의 필요에 맞는 제품이나 서비스를 만들어낼 수 있다. 예를 들어, 휴가를 즐기는 선원을 고객 유형으로 선택한 기업은 제품(범선의 부품들), 서비스(다양한 종류의 전세 보트 서비스), 정보(항해에 대한 정보 데이터베이스)의 구성요소들을 개발할 것이다. 이 기업의 고객인 '휴가를 즐기는 선원'들은 이 구성요소들을 조합해서 자기에게 맞는 보트와 휴가일정, 항해용 책 등을 만들어낼 수 있다. 전략적 기업이 고객들의 관심을 끄는 새로운 가치 요소를 계속 추가하면 고객들과 맺고 있는 관계의 질도 계속 높아질 것이다. (주의: 이러한 가치 요소를 전략적 기업이 직접 만들 필요는 없다. 다른 제조업체, 전략적 파트너는 물론 심지어 경쟁자들에게서도 가치 요소를 제공받을 수 있다. 사실 전략적 기업은 가치 요소를 전혀 생산하지 않는 회사일 수도 있다.)

구성요소들을 신속하게 조합할 수 있는 시스템을 개발한다

전략적 기업은 가치 요소를 만들거나 남에게서 공급받기만 하는 것이 아니라, 자사 직원 또는 고객이 이 요소들을 재빨리 조합할 수 있게 해주는 시스템도 개발한다.

이 시스템은 다음과 같은 것을 이용한다.

- 가치 요소라는 개념을 뒷받침해주는 데이터베이스
- 데이터베이스가 뒷받침하는 구성요소 기반 문서정리 시스템 (종이로 된 문서와 디지털 문서 모두 포함).
- 직원과 고객이 전화, 이메일, 인터넷, 메신저, SNS, 팩스, 서면 등을 통해 일관된 형식으로 소통할 수 있게 해주는 능력.
- 주문형 제품과 서비스의 신속한 제조 및 유통을 뒷받침하는 시설과 장비.

전략적 기업이 갖고 있는 모든 시스템은 제품이나 특정 기술이 아니라 고객을 중심으로 설계되어 있다. 예를 들어, 데이터베이스나 IT시스템은 제조 데이터베이스나 엔지니어링 데이터베이스 또는 재정 데이터베이스가 아니라 고객 데이터베이스를 중심으로 설계되어 있다.

이것은 전략적 기업의 시스템이 시대에 뒤떨어진 제품우선의 법칙이 아니라 관계우선의 법칙을 반영하고 있음을 의미한다.

고객과의 관계형성을 위해 가치를 무료로 제공한다

전략적 기업은 21세기에 잠재고객들과 접촉하기가 더욱 어렵다는 사실을 받아들인다. 전략적 기업은 광고가 가득한 웹사이트 같은 매체를 통한 적극적인 홍보전략이 회사가 원하는 잠재고객을 끌어들이지 못한다는 사실을 알고 있다.

전략적 기업은 자신이 선택한 유형의 잠재고객을 끌어들이기 위해 처음 관계를 시작할 때 곧장 상품 광고에 돌입하는 대신, 뭔가 가치 있는 것을 제공한다. 조언, 세미나, 책, 소프트웨어, 독특한 경험 등 회사의 제품이나 서비스를 잠재고객에게 무료로 제공한다는 뜻이다.

이를 통해 전략적 기업은 감각의 과부하와 바쁜 생활에 시달리는 소비자들이 세워둔 장벽을 뚫고 들어간다. 판매, 판매, 판매만 외치는 대신, 고객과 직접 만나거나 전화와 인터넷을 통해서, 또는 기타 마케팅 채널이나 기술을 통해서 잠재고객이 스스로 기업을 찾아오게 만든다.

여기서 중요한 것은 홍보용 문구를 내세워서 잠재고객을 적극적으로 공격하지 않고, 뭔가 가치 있는 것을 무료로 제공해 그들을 끌어들인다는 점이다.

고객 유형을 중심으로 마케팅 프로그램을 만든다

전략적 기업은 제품이나 서비스가 아니라 고객 유형을 중심으로 마케팅 프로그램을 만든다. 이 프로그램은 회사가 제공할 수 있는 가치 요소와 무료로 제공하는 가치에 대해 명확하게 전달함으로써 지정된 유형의 고객들을 끌어들인다.

예를 들어, 신경외과 의사를 고객 유형으로 선택했다고 가정하자. 이 기업은 시장을 공략하기 위해 '신경외과의 지식 프로그램'을 만든다. 이 프로그램은 신경외과 의사들에게 독특한 가치를 점점 많이, 꾸준히 제공할 수 있도록 설계되어 있다. 이 전략적 기업은 처음에 신경외과 의사들이 이 프로그램에 관심을 갖게 하기 위해 자사 웹사이트에서 다른 신경외과 의사들과 접촉할 수 있는 기회를 무료로 제공한다. 이렇게 해서 신경외과 의사들이 이 기업의 웹사이트를 사용하기 시작하자, 기업은 그들에게 학회, 의학 학술지, 서적, 장비, 소프트웨어 등 수천 가지 가치 요소를 제공해서 돈을 벌어들인다.

이 마케팅 프로그램은 모든 마케팅 도구나 기술로부터 독립해 있기 때문에 미래에도 얼마든지 사용할 수 있고, 인터넷 외에 인쇄매체(잡지, 소식지, 카탈로그), 전화, 이메일, 인터넷 또는 모바일 기반의 플랫폼 등을 통해서도 신경외과의 지식 프로그램을 제공할 수 있다. 학회나 업계 박람회에서 직접 만나 프로그램을 직접 제공하는 것도 가능하다. 이 기업은 또한 프로그램 자체의 기본을 변화시키지 않고도 앞으로 등장할 새로운 도구와 기술을 얼마든지 이용할 수 있다.

통합 데이터베이스를 통해 고객관계의 질을 높인다

데이터베이스는 전략적 기업의 두뇌이며, 잠재고객 및 고객에 대한 정보가 이 두뇌의 중심부에 저장되어 있다. 잠재고객 및 고객이 사람, 전화, 인터넷, 이메일 등을 통해 전략적 기업과 접촉할 때마다 이 접촉에 대한 정보가 데이터베이스에 기록된다. 그리고 전략적 기업은 이 모든 정보를 분류하고 정리해서 분석할 수 있다.

이처럼 매우 매끄러운 데이터 수집 및 분석을 용이하게 하기 위해 전략적 기업은 고객을 중심으로 설계된 통합 데이터베이스를 운용한다. 사실 전략적 기업은 데이터베이스에 저장된 정보를 이용해서 고객에게 제공할 새로운 독특한 가치를 계획하고 창출하며 고객과의 관계를 관리한다.

(주의: 데이터베이스에 성보를 모으기 시작하면 사생활 보호 문제가 대두된다. 이것은 복잡한 문제다. 그러나 올바른 방향을 유지할 수 있도록 해주는 요인이 하나 있다. 즉 기업이 수집한 정보에 대해 사생활 보호 조치를 제대로 취하고 있다고 고개들이 느낀다면, 고객들은 기업에 필요한 정보를 계속 제공할 것이다. 만약 기업이 고객의 사생활을 존중하지 않는다면, 고객들은 정보를 제공하지 않을 것이다.)

고객 개개인과 개별화된 의사소통을 한다

전략적 기업은 데이터베이스에 저장된 정보와 수많은 도구, 기술을 이용해서 고객 개개인과 개별화된 내용을 주고받는다. 고객 각자의 관심사, 요구, 프로필을 기반으로 가치 요소들을 모은 개별적인 패키지를 이메일이나 우편물로 모든 고객에게 전달할 능력을 갖고 있기 때문이다. 흔히 고객 맞춤형 대량생산mass customization 이라고 불리는 이 능력 덕분에 전략적 기업은 고객과 훨씬 더 밀접한 관계를 맺을 수 있다.

미술품 수집가를 자신의 고객 유형으로 선택한 전략적 기업을 예로 들어보자. 이 기업은 시장을 공략하기 위해 '미술품 수집가의 세계적 네트워크'라는 프로그램을 만들었다. 이 프로그램의 목적은 미술품 수집가들에게 온라인 경매, 미술사 세미나, 미술 여행과 관광, 경비 서비스 등 무수한 가치 요소를 제공하는 것이다.

미술품 수집가들이 이 기업과 접촉하게 되면 중앙 데이터베이스에는 (대화, 인터뷰, 설문조사, 자동 시스템 등을 통해) 수집된 고객 각자의 정보가 저장된다. 이 정보를 분석하면 고객의 개인적인 취향을 파악할 수 있다. 즉 이 과정을 통해 고객 A는 플랑드르 미술에 주로 관심이 있고, 고객 B는 고전 작품에 푹 빠져 있으며, 고객 C는 입체파의 추종자라는 사실을 알아낼 수 있는 것이다.

이 기업은 이렇게 알아낸 각자의 독특한 관심사에 맞춰 특정한 가치 요소들에 대한 정보를 자동으로 모아 전달할 수 있는 능력을 개발했다. 따라서 고객 A는 플랑드르 미술에 대한 정보와 홍보자료를, 고객 B는 고전 작품에 대한 정보와 홍보자료를, 고객 C는 입체파에 대한 정보와 홍보자료를 받아보게 된다.

전략적 기업은 이런 방법을 통해 고객 각자가 원하는 것만을 제공할 수 있다. 이런 형태의 개별화된 의사소통은 전략적 기업과 고객의 관계를 더욱 돈독하게 한다.

　　　　　　　　　　　　　　　　　　　관계우선의 법칙

관계우선의 법칙을 기반으로 조직을 구성한다

전략적 기업의 조직 모델에는 네 부서가 있다.

- 고객 관계 관리
- 가치 창출과 제공
- 아이디어 개발과 혁신
- 전략과 시스템 지원

이 네 부서를 자세히 살펴보자.

고객 관계 관리

기업이 선택한 유형의 고객들과 질 높은 관계를 맺고 유지한다. 이 부서에는 관계 조사, 관계 개발, 의사소통, 감사/인정 등 4개의 하위부서가 있다. 관계 조사부는 기업이 선택한 유형에 속하는 잠재고객을 찾아내고, 관계 개발부는 무료 패키지를 잠재고객에게 제공해 새로운 관계를 시작하는 일을 맡는다. 의사소통부는 잠재고객 및 고객과 지속적인 대화를 유지하며, 감사/인정부는 고객에게 감사의 마음을 표현해 양질의 고객이 계속 이 기업을 찾게 유도한다.

가치 창출과 제공

기업이 선택한 유형의 고객들이 관심을 갖고 있는 가치 요소들을 만들어서 제공한다. 이 부서에도 가치 요소 개발, 가치 요소 조합, 프로그램 패키지, 가치 제공 등 4개의 하위부서가 있다. 가치 요소 개발부는 잠재고객과 고객이 관심을 가질 만한 가치 요소를 찾아내서 개발하는 일을 맡고, 가치 요소 조합부는 기업이 갖고 있는 가치 요소들을 직원이나 고객이 조합할 수 있는 새로운 방법을 개발한다. 프로그램 패키지부는 기업이 갖고 있는 가치 요소들을 독특하게 조합해 회사의 모든 고객 혹은 특정 고객이 관심을 가질 만한 제품을 만들어내고, 가치 제공부는 고객이 주문한 대로 조합된 가치 요소들이 고객에게 반드시 전달되게 한다.

아이디어 개발과 혁신

가치를 창출해서 고객에게 제공하는 데 유용한 새로운 아이디어와 개념을 만들어내고, 걸러내고, 강화하는 일을 한다. 이 부서에는 아이디어 산출 및 통합, 아이디어 선별, 혁신 강화 등 3개의 하위부서가 있다. 아이디어 산출 및 통합부는 정보를 흡수해서 새로운 방법으로 조합해 기업과 소비자에게 유용한 새로운 아이디어를 만들어내고, 아이디어 선별부는 아이디어 산출 및 통합부가 제안한 아이디어들을 검토해서 개발할 가치가 있는 것을 골라낸다. 혁신

강화부는 선택된 아이디어에 대해 포괄적인 조사를 실시한 뒤 더욱 발전시켜 독특한 가치를 창출하고 제공하는 데 유용한 혁신을 실행한다.

전략과 시스템 지원

이 부서에는 전략 및 시스템 설계, 팀 구축 및 관리, 능력 개발 및 유지, 재정과 행정 등 4개의 하위부서가 있다. 전략 및 시스템 설계부는 중요 사업 모델, 전략, 시스템 등을 끊임없이 검토하는 일, 중요한 전략과 시스템을 새로 설계하는 일을 맡는다. 팀 구축 및 관리부는 기업 내 각 부서를 위해 더 나은 전략을 짜고 더 나은 시스템을 구축해주는 새로운 전략적 기업 팀을 만든다. 전략적 기업 팀들의 정기회의 또한 이 부서의 책임이다. 능력 개발 및 유지부는 기업 시스템을 구축한다. 이 부서는 전략을 뒷받침하는 능력을 개발하기 위해 전략적 기업 팀에 영향력을 행사한다. 재정과 행정부는 재정적 서비스와 보고, 인적 자원 관리, 법적인 문제 처리 등 기업을 유지하는 데 필요한 모든 활동을 처리한다.

물론 이 전략적 기업 조직모델은 하나의 지침에 불과하므로 각자 자신의 기업에 맞게 변형시켜야 할 것이다. 그러나 이 모델은, 제품이 아니라 고객을 중심으로 조직 구조를 만드는 것이 얼마나 중요한지 잘 보여준다.

대부분의 기업이 전략적 혼란과 시스템의 혼란에 빠지는 것은 제품의 대량 생산만을 위해 고안된 조직 구조를 가지고 고객들과 좋은 관계를 맺으려고 하기 때문이다. 이런 기업들은 대부분 비참하게 실패하거나, 극도의 좌절감을 느끼게 된다. 여러분은 이런 실수를 하지 않기를 바란다. 그러기 위해서는 독특한 가치를 창출해서 특정 유형의 고객에게 제공하는 것에 초점을 둔 조직 구조를 개발해야 한다.

전략적 계획과 시스템 개발이 발전의 열쇠

전략적 기업의 구조는 지속적인 전략적 계획과 시스템 개발을 뒷받침한다. 이 구조는 기업 내 모든 사람이 돈을 벌기 위한 일상의 활동 중에 시간을 내 더 좋은 배를 만드는 것을 장려한다. (새로운 시스템 개발, 웹사이트 디자인, 데이터베이스 통합, 마케팅 프로그램 창출 등) 중요한 프로젝트가 실행될 때마다 전략을 짜고, 이상적인 시스템 모델을 설계하고, 필요한 조치를 결정하는 팀들이 구성된다. 전략적 기업 팀의 작업 과정은 다음과 같다.

전략적 시스템 감사

중요 프로젝트를 진행하기 전에 기업의 현재 상황을 검토하는 감사를 반드시 실행한다. 이 감사에서 기존 전략과 시스템이 지닌 장점과 단점이 드러날 것이다.

전략과 시스템 설계 워크숍

이 워크숍에서 여러 부서의 사람들로 구성된 팀이 더 나은 전략을 개발하고 더 나은 시스템을 설계한다. 미래의 이상적인 전략과 시스템을 위한 모델도 만든다. 워크숍 말미에는 단계별 행동계획이 만들어지고 팀 구성원들이 이상적인 모델에 도달하기 위해 각자 어떤 행동을 할 것인지 설명한다. 팀원들은 또한 작업 진행상황을 검토하고 새로운 전략과 시스템을 개발하기 위해 정기적으로 회의를 한다.

작업 진행상황과 행동에 관한 회의

이 회의는 정기적으로 개최된다. 팀은 작업 진행상황을 검토하고, 이상적인 전략과 시스템 모델을 검토한 다음 더 정교하게 다듬으며, 다음에 어떤 행동을 취할 것인지 결정한다. 팀은 이러한 회의를 정기적으로 개최함으로써 자신이 작성한 이상적인 모델을 향해 꾸준히 나아가고 있다는 인식을 얻을 수 있다.

전략적 기업 모델을 실천에 옮긴다

전략적 기업 모델이 서로 다른 종류의 기업에 어떻게 적용되는지 쉽게 이해할 수 있도록, 다음 장인 '전략적 기업 시나리오'에서 전략적 기업이 된 가상기업 6곳의 사례를 제시하겠다.

chapter 06

전략적 기업 시나리오

실패하는 방법은 여러 가지지만… 성공하는 방법은 한 가지뿐이다.
(실패가 쉽고 성공이 어려운 것은 이 때문이다. 과녁을 놓치기는 쉽
지만, 과녁을 맞히기는 어렵다.)

_ 아리스토텔레스

2000여 년 전에 아리스토텔레스는 성공과 실패를 가르는 그 미세한 차이에 대해 깊이 사색했다. 과녁을 놓치기는 너무 쉽지만 과녁을 맞히기는 너무나 어렵다고 아리스토텔레스는 말했다. 정말 맞는 말 아닌가!

21세기 기업에 몸담고 있는 모든 사람이 직면한 현실도 이와 똑같다. 실패하는 방법은 너무나 많지만, 성공하는 방법은 오직 하나뿐이다. 나는 21세기에 성공하는 방법은 관계우선의 법칙을 채택해서 특정 유형의 고객에게 독특한 가치를 제공하는 사업을 구축하는 것뿐이라고 생각한다.

나의 이러한 신념을 분명히 설명하고 여러분이 각자 자기만의 전략적 기업을 만드는 데 도움이 되기 위해 나는 컨설팅 작업을 하면서 만난 실제 기업들을 바탕으로 6개의 시나리오를 다음에 제시해놓았다.

관계우선의 법칙

시나리오 1 · 엑셀시어 제약회사

　엑셀시어 제약회사는 100여 년 전에 처음 창업할 때부터 제품 우선의 법칙을 사용했다. 엑셀시어는 의사의 처방 없이 약국에서 쉽게 구할 수 있는 유명한 약들과 건강관련 제품을 판매하고 있다. 인기 있는 두통약인 바이목스도 이 회사의 제품이다. 그러나 최근 몇 년 동안 엑셀시어는 마진 감소로 고생하고 있다. 특허가 만료된 약들과의 경쟁이 심화되고, 대형 소매상들이 가격 인하 압력을 가하고 있기 때문이다. 엑셀시어는 이러한 상황을 뒤집기 위해 관계 우선의 법칙을 채택하고 전략적 기업이 되기로 결정했다.

　대기업인 엑셀시어는 궁극적으로 수십 가지 유형의 고객을 대상으로 할 수 있다는 사실을 알고 있다. 그러나 우선 신생아를 둔 부모라는 단 한 가지 유형의 고객부터 공략하기로 결정했다.

　엑셀시어의 목표는 이 고객들에게 독특한 가치를 가능한 한 많이 제공함으로써 이 고객들과의 관계를 확립하는 것이다. 엑셀시어는 예전부터 판매하던 전통적인 유아용 건강제품 외에 새로운 가치 요소들을 신생아 부모에게 제공할 수 있다는 것을 깨달았다. 이 가치 요소에는 다음의 것들이 포함된다.

- 유아의 건강관련 정보(책, 블로그, 카페, 소식지, 동영상, 세미나 등을 통해 제공).
- 신생아 부모들을 위한 소통 플랫폼(인터넷과 모바일을 통해 제공).

- 자사 웹사이트인 '건강한 아기'에 의사의 조언 게재.
- 교육적금, 생명보험 등 여러 금융 서비스에 대한 특별 할인.
- 기저귀, 아기용 의류, 아기용 가구, 장난감 등 다른 기업들이 생산하는 모든 신생아 용품을 망라한 온라인 카탈로그.
- 산파, 보모, 놀이방, 의사 등 아기를 위한 서비스를 제공하는 곳의 목록.

이 가치 요소들을 조합하기 위해 엑셀시어는 '건강한 아기 프로그램'을 만들었다. 신생아 부모들이 이 프로그램에 가입하면 모두 합해 100달러가 넘는 제품들로 구성된 '건강한 아기 세트'를 무료로 받게 되고, 엑셀시어의 웹사이트인 〈건강한 아기〉에도 무료로 접속할 수 있다. 신생아 부모들은 회원이 되는 조건으로 자신의 관심사와 자신에게 필요한 것에 관한 상세한 설문조사지를 작성해주면 된다. 이렇게 수집된 정보는 엑셀시어의 중앙 데이터베이스에 입력된다. 그리고 엑셀시어의 관계 관리부서는 이 정보를 이용해서 고객 각자의 특성에 맞는 이메일 메시지와 개인용 웹페이지를 만든다.

신생아 부모들은 아기의 건강에 관한 모든 정보를 갖고 있는 엑셀시어의 웹사이트로 몰려든다. 최근 통계에 따르면, 그 숫자가 200만 명을 넘었다. 게다가 엑셀시어는 이제 웹사이트 광고료, 제약회사가 아닌 기업들의 제품 판매수수료로 돈을 벌고 있다. 엑셀시어가 이렇게 돈을 벌 수 있는 것은 이 회사가 신생아 부모들과 최고의 관계를 유지하고 있기 때문이다. 그 어떤 업계의 그 어떤 회사도 이 유형의 고객들과 이렇게 직접적으로 연결되어 있지 않다. 따라서 신생아 부모들과 접촉하고 싶은 다른 기업은 대개 엑셀시어를 중간 매개역으로 이용한다.

이제 엑셀시어의 미래는 밝다. 관계우선의 법칙 때문이다. 엑셀시어는 제품 중심의 사고방식을 극복했으며, 더 이상 스스로를 단순한 건강 관련 회사로 생각하지 않는다. 신생아 부모들에게 독특한 가치를 제공하는 기업이라고 생각한다. 이제 수천 종의 제품과 서비스를 제공해 돈을 벌고 있는 엑셀시어는 변화 속도가 점점 빨라지고, 경쟁이 심해지고, 즉각적인 커뮤니케이션이 가능한 시대에 성공할 조건을 잘 갖추고 있다.

변화는 엑셀시어에 도움이 된다. 변화가 일어날 때마다 신생아 부모들은 건강한 아기 프로그램에서 새로운 정보를 찾으려 할 것이다. 경쟁 역시 더 이상 문제가 아니다. 엑셀시어는 이제 경쟁자들에게서 돈을 벌어들이고 있다. 그리고 마지막으로, 인터넷, 이메일, 데이터베이스, 고속 디지털 인쇄와 같은 즉각적인 커뮤니케이션 기술 덕분에 엑셀시어는 수많은 신생아 부모들과 적은 비용으로 꾸준히 개별화된 연락을 주고받을 수 있다.

페큐니아 금융회사는 오래전부터 독특한 금융 서비스 회사로 자리를 잡으려고 노력해왔다. 페큐니아는 세금 계획, 보험, 뮤추얼 펀드, 온라인 주식거래, 상업 금융, 인수합병 등 수 많은 금융 서비스를 판매했지만 수천 개나 되는 다른 은행, 보험회사, 증권회사들과 차별화하는 데 어려움을 겪어왔다.

그러니까 이 회사의 사장이《관계우선의 법칙》을 읽고 관계우선의 법칙에 미래가 있다는 사실을 깨닫기 전까지는 그랬다는 얘기다. 페큐니아의 전략적 기업 팀은 시장을 조사하고 자사의 핵심 능력을 평가한 다음 자신이 겨냥할 고객을 기업체의 파트너로 선정했다. 그리고 이 팀은 기준이 되는 홍보 아이디어로 '기업체 파트너 성공 프로그램'을 만들었다.

기업체 파트너 성공 프로그램의 목표는 기업체의 파트너들이 특정 문제와 과제에 성공적으로 대처할 수 있게 도와주는 독특한 가치를 끊임없이 제공하는 것이다. 기업체의 파트너들을 특별히 겨냥해서 만든 이 프로그램의 가치 요소에는 다음의 것들이 포함된다.

- 기업체 파트너들이 직면한 문제를 처리할 수 있게 설계된 사업기획 세미나와 컨설팅.
- 기업체 파트너들을 위한 책, 동영상, 참고자료.

- 한 파트너가 갑자기 죽었을 때 다른 파트너를 보호해주는 생명보험상품.
- 후계 계획 서비스.
- 세금 계획 및 회계 서비스.
- 법적인 상담.
- 〈기업체 파트너 성공〉 웹사이드.

대부분의 경우 페큐니아는 이 가치 요소들을 기업체 파트너에게 직접 제공하지 않는다. 사실 가치 창출 부서는 가치 있는 제품과 서비스를 제공해줄 다른 훌륭한 기업들을 끊임없이 찾고 있다. 다시 말해서, 페큐니아는 자신이 갖고 있는 제품, 서비스, 능력에 제한받지 않는다는 뜻이다. 페큐니아는 외부 공급업체들로부터 자원을 조달함으로써 고객들에게 독특한 가치를 무한히 제공할 수 있는 능력을 갖게 된 것이다.

페큐니아는 기업체 파트너 성공 프로그램에 가입할 자격이 있는 잠재고객과 관계를 시작하기 위해 기업체 파트너들에게 1대1 파트너십 기획 워크숍을 무료로 제공한다. 워크숍에서 파트너들은 자신이 지닌 개인적 문제와 사업상의 문제들을 파악하고, 페큐니아의 컨설턴트는 그들이 이용할 수 있는 세금과 회계 관련 기회들을 설명해준다.

이 무료 워크숍을 통해 페큐니아는 많은 기업체 파트너들과 만날 수 있고, 이렇게 만난 대부분의 파트너들이 결국 프로그램에 가입한다. 대부분의 신규 고객들은 "세상에 금융 컨설턴트는 많지만, 기업체의 파트너로서 우리가 맞닥뜨리는 독특한 문제에 관심을 보여주는 기업은 페큐니아뿐"이라고 말한다.

페큐니아는 프로그램 회원 및 잠재고객과 계속 접촉하기 위해 소식지《비즈니스 파트너 리포트》를 이메일과 인쇄물로 배포한다. 페큐니아는 또한 '기업체 파트너 성공 소프트웨어'와 '기업체 파트너 성공 동영상 시리즈'도 개발했다. 이 제품들은 대단한 성공작이어서 마케팅 도구이자 수익의 원천이다. 페큐니아의 사장인 월프레드 골드사이즈도 책을 쓰고 있다.《기업체 파트너의 성공 공식》이라는 제목의 이 책은 곧 출간될 예정이다. 골드사이즈는 기자들이 기업체 파트너에 관한 기사를 쓸 때면 자주 인용되는 사람이기도 하다.

페큐니아는 제품과 서비스가 아니라 고객을 중심으로 사업을 구축함으로써 컴퓨터와 정보 시스템의 효율성 또한 극적으로 개선할 수 있었다. 이 회사 모든 부서의 대표자들은 팀을 이루어 이상적인 정보 시스템IS 모델을 개발했다. 페큐니아의 IS 시스템은 관계우선의 법칙을 뒷받침하기 위해 제조나 회계 분야가 아니라 고객 데이터베이스를 중심으로 구축되어 있다. 페큐니아의 고객 데이터베이스에는 2만 5,000명이 넘는 기업체 파트너들에 대한 정보가 있다. 궁극적으로 페큐니아는 자신이 제공한 300가지의 가치 요소 전부가 들어 있는 가치 요소 데이터베이스도 만들었다.

기업체 파트너 성공 웹사이트를 방문하는 사람들은 가치 요소 목록에 접속해서 자신의 필요를 채워주는 독특한 제품 및 서비스

패키지를 조합할 수 있다. 게다가 고객 데이터베이스에 저장된 정보 덕분에 페큐니아는 회원 각자에게 개별화된 이메일 메시지와 인쇄물을 보낼 수 있다. 재정보고서, 거래 활동, 회계, 프로젝트 관리 활동 등을 담고 있는 다른 데이터베이스들은 중앙의 고객 데이터베이스와 연결되어 있다.

관계우선의 법칙을 바탕으로 IS 시스템을 구축한 지금, 페큐니아의 직원들은 훨씬 더 생산적이고 효율적으로 일을 하게 됐다. 모든 정보가 고객을 중심으로 정리되어 있기 때문에 가치가 높은 활동(가치 창출과 제공)에 더 많은 시간을 할애하고 가치가 낮은 활동(행정과 일반적인 사무)에 들이는 시간을 크게 줄일 수 있었다. 페큐니아의 컨설턴트들은 이제 기계적이고 반복적인 행정사무에 쓰는 시간을 줄이고 고객들과 더 많은 시간을 보내고 있다.

그러나 가장 중요한 것은 페큐니아가 경쟁사들과 자신을 차별화해서 독특한 유형의 고객을 가진 독특한 기업으로 자리 잡을 수 있었다는 점이다. 이제 예전보다 더 쉽게 고객을 확보하고 돈을 벌 수 있게 되었다. 페큐니아의 직원들도 예전보다 훨씬 더 중심을 잡고 있다. 그들은 가치를 창출해서 기업체 파트너들에게 제공하는 것이 자신의 일임을 알고 있다. 그들은 변화 속도가 빨라지고, 경쟁이 심해지고, 즉각적인 커뮤니케이션이 가능한 21세기에 성공할 준비가 되어 있다. 페큐니아는 정말로 전략적 기업이 되었다.

타이거 릴리 차茶 회사

타이거 릴리는 인기 있는 차 제품을 파는, 세계에서 가장 성공적인 차 공급업체였다. 그러나 차를 공급하는 회사가 세계 시장에 수백 개나 진출하면서 이윤이 몇 년 동안 제자리걸음을 하고 있다. 타이거 릴리는 그 동안 사업을 확장할 방법과 이윤이 낮고 경쟁이 치열한 수렁에서 벗어날 수 있는 방법을 찾아 헤맸다. 또한 인터넷을 이용해서 제품을 좀 더 효과적으로 판매하는 방법을 찾아내려고 노력해왔다. 그러나 인터넷에는 차 회사가 수천 개나 있고, 그들이 모두 가격으로 경쟁하고 있다. 문제는 바로 이것이다. 상상할 수 있는 온갖 종류의 차들로 들끓는 시장에서 어떻게 하면 타이거 릴리가 두각을 나타낼 수 있을까?

해결책을 찾아내기 위해 타이거 릴리는 더 좋은 차를 만들어내고 경쟁자들을 분석하는 데 엄청난 돈을 쏟아 부었다. 그러나 어떤 해법도 타이거 릴리의 성장률과 이윤을 늘려줄 것 같지 않았다. 그런데 다행히 타이거 릴리의 중역들이 《관계우선의 법칙》을 읽고 관계우선의 법칙이 회사를 완전히 바꿔놓을 수 있다는 것을 깨달았다.

변신의 첫 단계로 타이거 릴리는 제품(차)에 초점을 맞추던 것을 그만두고 고객 유형(차 애호가)을 전략적 사고의 출발점으로 삼기로 결정했다. 타이거 릴리는 차 애호가에게 독특한 가치를 제공하기 위해 완전히 새로운 기업을 만들어냈다. 이 단 하나의 결정으로, 제품 중심의 사고방식에 오랫동안 억눌려 있던 타이거 릴리의 창의성이 쏟아져 나왔다. 타이거 릴리는 더 좋은 차를 만들거나 그저 차를 팔려고 노력하는 대신 차를 사랑하는 사람들에게 다음과 같은 가치 요소를 제공하기로 결정했다.

- 세계에서 가장 광범위한 차 데이터베이스(타이거 릴리와 경쟁사들의 제품 모두 포함).
- 시장에 나와 있는 모든 종류의 차를 살 수 있는 온라인 상점.
- 차에 관한 모든 책과 동영상.
- 차와 관련된 모든 웹사이트 리뷰.
- 시장에 나와 있는 모든 종류의 차를 구입할 수 있는 카탈로그.
- 전 세계 찻집 목록.
- 세계의 차 재배지역 관광.

타이거 릴리는 이 프로그램을 '차를 사랑하는 사람들의 네트워크'라는 이름으로 통합했다. 목적은 차를 사랑하는 사람들에게 차에 관한 공정한 정보를 최대한 제공해 그들을 끌어들이는 것이다. 차를 사랑하는 사람들의 네트워크에 등록한 사람은 모두 이국적인 차 세트를 무료로 받게 되며 일본에 가서 일본의 전통다도를 경험하는 이벤트에 응모할 수 있다. 이 프로그램이 실시된 첫해에 타이거 릴리의 웹사이트를 방문해서 네트워크에 합류한 사람이 50만 명을 넘는다. 이들은 이렇게 말한다.

"특정 기업과 상관없이 차에 관한 고급 정보를 얻을 수 있는 곳은 세계에서 여기뿐이다. 나는 차에 관한 모든 것이 여기에 있다는 것을 알기 때문에 이 웹사이트를 방문한다."

타이거 릴리는 차 애호가들을 끌어들임으로써, 차를 사랑하는 사람들과 차를 판매하는 회사 사이에서 정보의 흐름을 통제하기 시작했다. 타이거 릴리는 이제 차를 사랑하는 사람들과 굳건한 관계를 맺고 있다.

거의 모든 차 애호가들이 타이거 릴리의 웹사이트를 찾고 있기 때문에 수백 곳이나 되는 과거의 경쟁사들조차 타이거 릴리의 고객이 되었다. 그들은 차를 사랑하는 사람들의 네트워크 웹사이트에 광고를 게재하고 제품을 판매할 권리를 얻기 위해 타이거 릴리에 돈을 지불한다. 1년에 2번씩 인쇄물로 발행하는 카탈로그를 통해 제품을 판매할 때도 타이거 릴리에 돈을 지불해야 한다.

타이거 릴리는 차 애호가들에 관한 대규모 데이터베이스를 구축했다. 타이거 릴리는 사람들이 특정 종류의 차를 선호하는 이유, 그들이 찾는 새로운 차의 종류, 그들이 좋아하는 브랜드와 싫어하는 브랜드에 대해 알고 있다. 수많은 마케팅 담당자가 타이거 릴리가 갖고 있는 이 정보를 원하며, 정보를 얻기 위해 기꺼이 거액을 지불한다.

타이거 릴리는 관계우선의 법칙을 채택함으로써, 사업을 훨씬 쉽게 할 수 있었다. 타이거 릴리는 차의 마진이 줄어드는 것을 걱정할 필요가 없다. 사람들을 네트워크에 가입시키기 위해 차를 무료로 제공하는 경우가 대부분이기 때문이다. 타이거 릴리는 또한 변화를 걱정할 필요도 없다. 차를 사랑하는 사람들은 사라지지 않으리라는 것을 알고 있기 때문이다. 타이거 릴리는 즉각적인 커뮤니케이션 기술의 확산을 보며 탄식하지 않는다. 즉각적인 커뮤니케이션 기술은 차를 구매하는 소비자들에게 힘을 실어주고 그들의 지식을 늘려주기 때문에, 타이거 릴리가 수천 명이나 되는 새로운 고객을 확보하고 돈이 되는 수십 가지 활동을 새로 개발하는 데 오히려 도움이 되었다.

시나리오 4 골프 코스 매니저 사

조지 스윙이 터프&그린 컴퍼니의 전국 영업부장 자리를 그만두었을 때 사람들은 그가 미쳤다고 생각했다. 터프&그린은 골프 코스 관리장비의 세계 최대 공급업체였기 때문이다. 그러나 조지에게는 계획이 있었다. 그는 《관계우선의 법칙》을 읽은 후에 터프&그린이 19세기적 사고방식에 매달려 있다는 것을 깨달았다.

터프&그린의 사장과 고위 중역들은 제품우선의 법칙에서 벗어나지 못했다. 조지가 고객들에게 제공하는 독특한 가치를 확장시킬 수 있는 새로운 방법을 제안할 때마다, 중역들은 마치 미친 사람을 보듯이 그를 대했다. 새로운 경쟁자들로 인해 경쟁이 점점 심해지고 있고 마진 감소로 힘겨운 상황인데도 중역들은 변화를 싫어했다. 그들은 변화 속도가 점점 빨라지고, 경쟁이 심해지고, 즉각적인 커뮤니케이션이 가능해진 세계적인 현실이 일시적 유행이기를 내심 바라고 있었다. 조지는 회사가 기울기 전에 거기서 벗어나 자신의 회사를 설립하기로 결정했다. 그는 자신이 새로 창업한 회사에 골프 코스 매니저라는 이름을 붙였다.

골프 코스 매니저의 목적은 골프 코스 관리자들이 골프 코스나 컨트리클럽을 경영하면서 이윤을 올릴 수 있게 돕는 것이다. 골프 코스 관리자들이 '골프 코스 이윤 프로그램'에 가입하면 다음과 같은 혜택을 누릴 수 있다.

- 국제 골프 코스 바이어 그룹에 참가(이렇게 그룹을 이루면 거래처들에 더 많은 할인을 요구할 수 있다.)
- 모든 종류의 코스 관리 장비 값을 최고 50%까지 할인(조지의 전 직장인 터프&그린의 제품도 포함)
- 프로 숍을 위한 최고의 정보관리 시스템
- 코스 회원권과 마케팅 소프트웨어
- 토너먼트 대회 조직 및 관리 시스템
- 지원 시설과 전문지식
- 코스 설계 및 건설 서비스
- 온라인과 전통적인 방법을 통한 마케팅 및 홍보 지원
- 골프 교습 능력
- 보험과 회계 등 코스 관리를 위해 특별히 설계된 금융 서비스

- 골프 코스 관리자들을 위해 특별히 만든 수백 가지 제품과 서비스

조지가 집중하는 것은 딱 두 가지뿐이다. 하나는 골프 코스 관리자들과 관계를 맺는 것, 다른 하나는 그들을 위해 독특한 가치를 지닌 새 제품을 확보하는 것이다.

조지는 여러 골프 코스를 일일이 돌아다니면서 관리자를 만난다(그 대가로《월간 골프 관리》의 1년 무료 구독권을 제공한다). 코스 관리자들과 면담하면서 그들에게 필요한 것이 무엇인지, 어떤 문제를 안고 있는지, 그들의 목표가 무엇인지 알아낸다. 이렇게 얻어낸 정보로 무장한 그는 공급업체들과 연락을 취한다. 여기서 중요한 것은 조지가 어떤 목표를 미리 설정하고서 물건을 팔기 위해 접근하는 경우는 결코 없다는 점이다. 그는 잠재고객에게 뭔가를 판매하려 하지 않는다. 그는 그저 그들을 도와주려고 애쓸 뿐이다. 이러한 태도 덕분에 조지는 열린 마음을 유지하며 자유롭게 자신의 창의성을 발휘할 수 있다. 골프 코스 관리자들에게 그가 헤아릴 수 없이 귀한 존재가 된 것도 이 덕분이다. 그들은 조지가 언제나 그들에게 도움이 되는 새로운 방법들을 생각해내기 때문에 그와 어울리고 싶어 한다.

조지에게는 많은 직원이나 장비, 또는 자금이 필요하지 않다. 그는 대개 자신의 자동차에서 일한다. 작업도구는 노트북 컴퓨터와 휴대전화. 컴퓨터에는 코스 관리자들이 그에게 해준 이야기가 모두

입력된 데이터베이스가 있다. 광범위한 관리장비 공급업체 데이터베이스도 있다. 조지는 이 밖에 〈코스 관리자들의 세계〉라는 이름의 웹사이트를 준비하고 있다. 이 웹사이트는 골프 코스 관리자와 관리 장비 공급업체를 연결해줄 것이고, 조지는 그중개인이 될 것이다. 그와 골프 코스 관리자들의 관계가 확고하기 때문이다.

조지는 제품이 아니라 고객 유형을 전략적 사고의 출발점으로 삼은 덕분에 기회의 폭을 크게 넓혔다. 세상이 변하는 속도가 점점 더 빨라지고 있다는 사실은 그에게 문제가 되지 않는다. 조지는 변화가 많을수록 더 좋다고 말한다.

또한 경쟁이 심해지고 있다는 사실도 문제가 되지 않는다. 제품을 공급해주는 업체들 사이의 가격경쟁은 오히려 조지가 제공하는 서비스의 가치를 더욱 높여줄 뿐이다. 즉각적인 커뮤니케이션 기술은 조지의 사업에 생명수나 마찬가지다. 조지는 이메일, 인터넷, 휴대전화 등을 이용해서 고객 및 잠재고객과 밀접하게 연락을 주고받을 수 있다. 다시 말해서 조지는 21세기의 세계적 현실을 두려워하지 않는다. 그의 기업이 전략적 기업이기 때문이다.

시나리오 5 이카루스 항공사

이카루스 항공은 지난 몇 년 동안 많은 어려움을 겪었다. 규제완

화와 항공산업의 경쟁 심화로 이카루스는 소비재의 함정에 빠져 시들어갔다. 소비자가 인터넷을 통해 가장 싼 값의 표를 구할 수 있는 환경에서 항공요금은 계속해서 떨어지고, 오락 시스템, 더 넓은 좌석, 팩스, 전화, 이메일 등 더 정교한 기내 서비스에 대한 요구 때문에 자본 비용은 점점 증가하고 있다. 비용 증가와 가격 하락 사이에서 이카루스의 마진폭은 뚝뚝 줄어들기만 한다.

마침내 이카루스 항공은 새로운 성장을 위해 관계우선의 법칙을 채택했다. 제품(항공 여행) 대신 특정 유형의 고객, 즉 고위직 출장 여행자를 중심으로 사업을 구축하기로 결심한 것이다. 이카루스는 이 고객들에게 수백 가지의 독특한 가치 요소를 제공하고, 기업체 회장이나 사장이 출장여행을 처음부터 끝까지 성공적으로 마칠 수 있게 도울 것이다. 리무진, 비행기, 렌터카 등 여행을 위한 모든 것의 예약은 물론이거니와, 필요하다면 여행 중에 고객을 수행할 안내원도 제공한다. 이카루스의 안내원은 고객의 짐을 대신 싸주고, 예약을 확인하고, 짐 가방을 들고 다니며, 모든 수속을 대신하고, 렌터카를 운전하고, 도착지 호텔의 준비사항을 확인해준다. 이카루스는 이 밖에도 고객이 위험한 지역으로 향하는 경우, 경호원, 경비와 관련된 정보, 납치에 대한 보험까지 제공한다. 또한 대여용 항공기도 보유하고 있다.

이카루스는 고위직 출장 여행자들과 관계를 맺기 위해 모든 기업체의 회장과 사장에게 북아메리카 내에서라면 이카루스의 제트기를 타고 어디든 무료로 여행할 수 있는 기회를 한 번씩 제공한다.

이카루스 안내원은 이 잠재고객을 수행하면서 '출장여행 경영자 프로그램'을 자세히 설명한다. 고객이 이 프로그램에 가입하면 다음과 같은 혜택을 수십 가지나 누릴 수 있다.

- 이카루스 다이아몬드 신용카드(처음부터 사용한도 100만 달러).
- 《이카루스 출장 여행자 게시판》구독권(여행 및 사업과 관련된 독자들의 요구에 맞춘 잡지).
- 무료 위성전화와 1년 무료 통화권.
- 100곳이 넘는 공항의 이카루스 헬스 센터 및 라운지 회원권.
- 전 세계 500개 이상의 클럽 회원권.

이카루스는 출장여행 경영자 프로그램을 고안해 경쟁적인 소비재의 함정에서 벗어날 수 있었다. 이카루스의 고객들은 다른 회사와 가격을 비교할 생각이 없다. 이카루스가 제공하는 것과 같은 프로그램을 갖고 있는 기업이 하나도 없기 때문이다. 이카루스는 시장이 감당할 수 있는 가격을 제시하고 고객들은 이카루스의 청구서를 자세히 보지도 않는다. 그저 출장여행에 필요한 것을 모두 처리해줄 사람이 나타났다는 것에 만족한다. 그들은 최소한의 서류작업만으로 혼란과 불안을 거의 겪지 않고 출장여행에 나설 수 있고, 편안하게 휴식을 취한 뒤 느긋하게 회의에 참석할 수 있으며, 따라서 더 많은 거래를 성사시켜 더 많은 돈을 벌어들인다.

이카루스는 고위직 출장 여행자에게 독특한 가치를 제공함으로써 기업체 경영자들과 최고의 관계를 확보했다. 그 결과 이카루스는 잡지와 웹사이트 및 기내 오락시설 광고료로 엄청난 돈을 벌어들이고 있다. 회원들을 위해 다른 항공사의 항공편 예약을 대행해 줄 때는 수수료를 받는다. 뿐만 아니라 호텔, 렌터카 업체, 경비회사, 보험회사 등 여러 공급업체들로부터도 수수료를 받는다. 이카루스가 고객을 통해 워낙 많은 돈을 벌어들이고 있기 때문에 이 회사의 전통적인 사업(항공사업)은 새로운 제품과 서비스를 제공하는 구실에 불과한 존재가 되어버렸다. 사실 이카루스는 고위직 출장 여행자들에게 독특한 가치를 제공하기 위해 아예 다른 회사에 항공사업을 맡길 생각까지 하고 있다.

시나리오 6 VIXVAC 냉난방회사

VIXVAC 냉난방은 산업용 냉난방기기 제조업체로 성공한 기업이다. VIXVAC는 5개의 제조공장에 직원이 300명을 거느리고 있으며, 전 세계에 고객사가 수천 곳이나 된다. VIXVAC의 사장인 바트 페어링필드는 최근 몇 년 동안 사업이 잘되고 있는데도 기업을 더욱 성장시키고 싶어한다. 새로운 냉난방기기의 개발과 아시아 시장 진출을 생각해보았지만, 아직 확실한 판단을 내리지 못하고 있다. 기존 제품은 이윤 폭이 좁은 편인데, 새로운 기술을 개발하는 비용은 매우 높기 때문이다. 게다가 새로운 제조업체들이 등장함에 따라 해외시장에서의 경쟁도 더욱 심해지고 있다. 다행히도 페어링 필드는《관계우선의 법칙》을 읽은 덕분에, 이미 시대에 뒤떨어진 제품 중심의 사고방식을 버리고 21세기에 성공할 수 있는 기업을 만들어야 한다는 것을 깨달았다.

페어링필드는 우선 기존 시장을 분석해 상업적인 건축 공사에 자문을 해주는 엔지니어들이 가장 중요한 고객이라는 사실을 파악했다. 공사 중인 건축물에 설치될 냉난방기기를 선택하는 이 엔지니어들은 난방, 환기, 냉방HVAC 장비가 다 똑같다고 생각하기 때문에 가장 가격이 낮은 제품을 선택하는 경우가 대부분이다. 그들은 가장 낮은 가격만 확보할 수 있다면, 자신이 구입하는 HVAC 장비가 어느 회사 제품인지 신경 쓰지 않는다.

페어링필드는 사업을 키우기 위해서는 이 자문 엔지니어들과 긴밀한 관계를 맺어야 한다고 생각했다. VIXVAC가 소비재의 함정에서 빠져 나오려면 이 엔지니어들에게 제공하는 독특한 가치의 양을 늘려야 한다는 것도 깨달았다. 이를 위해 페어링필드는 'HVAC 선택 프로그램'을 만들었다. 자문 엔지니어들이 쉽게, 그리고 성공적으로 일을 해낼 수 있게 도와주는 이 프로그램은 다음과 같은 가치 요소들로 구성되어 있다.

• 자문 엔지니어가 몇 분 만에 HVAC 프로젝트의 사양을 작성할 수 있게 해주는 HVAC 선택 소프트웨어.

- HVAC 선택 시리즈의 세미나, 동영상, 웹사이트, 책, 참고 자료
- HVAC 업계의 최신 정보를 제공하는《HVAC 선택 리포트》.
- VIXVAC가 후원하는 웹사이트인〈HVAC 선택 온라인 네트워크〉를 통해 수백 종의 HVAC 관련 제품 및 서비스에 직접 접근할 수 있는 기회.

이 프로그램을 홍보하기 위해 페어링필드는 자문 엔지니어에게 인기 있는 웹사이트와 업계 전문지에 광고를 싣고 글을 썼다. 그리고 전세계 자문 엔지니어 2만여 명에게 광고 인쇄물도 발송했다. 아이오와주 디모인에서 열린 국제 자문 엔지니어 회의를 후원하기도 했다. 이 밖에도 VIXVAC는 자문 엔지니어들의 관심을 끌기 위해 그들에게 HVAC 선택 소프트웨어를 무료로 나눠주고, 5,000편 이상의 HVAC 기술논문이 들어 있는 데이터베이스의 무료 접속권을 제공했다. 잠재고객이 이 프로그램에 등록하면 VIXVAC은 컨설턴트를 파견해, 소프트웨어를 이용해서 HVAC 프로젝트의 사양을 작성하는 법과 VIXVAC의 웹사이트를 최대한으로 이용하는 방법을 가르쳐준다.

VIXVAC는 자체적으로 생산하는 HVAC 제품과 관련해서도 획기적인 변화를 꾀했다. 특정 모델의 제품을 판매하려고 노력하는 대신, 모든 제품을 구성요소로 나눈 것이다. 자문 엔지니어들은 이제 VIXVAC의 웹사이트를 방문해서 자신들이 원하는 사양으로

HVAC 장비를 주문할 수 있게 되었다. VIXVAC는 이 장비를 신속하게 조립해서 며칠 안에 배송해준다. 그 결과 VIXVAC는 고객들에게 또 독특한 가치를 제공할 수 있게 되었다.

관계우선의 법칙은 또한 VIXVAC가 정보 시스템을 통합하는 데에도 도움이 되었다. 제품우선의 법칙을 채택하고 있을 때, VIXVAC는 자사 정보 시스템을 제대로 파악하지 못했다. 엔지니어링 부서와 제조부서가 서로 다른 소프트웨어를 사용하고, 회계부서와 마케팅 부서도 제각기 다른 정보 시스템을 사용했다. 사실 VIXVAC에서 사용하는 소프트웨어는 30종이 넘었다. 이러니 VIXVAC에 근무하는 사람들이 갑갑해한 것도 무리가 아니다. 한 시스템에서 다른 시스템으로 정보를 전송하는 데 드는 시간이 너무 많았다. 그 결과 정보가 사라져버리거나 업데이트가 늦어져서 고객 서비스에 문제가 많았다.

그러나 관계우선의 법칙을 채택하자 정보 시스템을 어떻게 개발해야 하는지 분명해졌다. VIXVAC는 제품이 아니라 고객을 중심으로 정보 시스템을 개발했다. 모든 데이터베이스가 똑같은 플랫폼을 이용했기 때문에, 회사 내 모든 부서가 정보를 공유할 수 있었다. 이 새로운 정보 시스템 덕분에 VIXVAC의 직원들은 가치를 창출하고 제공하는 데 더 많은 시간을 할애할 수 있게 되었다. 고객에 대해 알 수 있는 정보도 많아져서, 고객의 문의에 신속하게 대응하는 것이 가능해졌다. 또한 자문 엔지니어들도 이 정보 시스템 덕분에 인터넷을 이용해서 HVAC 프로젝트의 처음부터 끝까지 VIXVAC

와 함께 작업할 수 있게 되었다.

관계우선의 법칙을 채택하면서, VIXVAC이 자문 엔지니어들에게 판매하는 제품의 양도 늘었다. 예전에는 고객들에게 제안서를 제출해서 주문을 받는 비율이 15%에 지나지 않았다. 하지만 지금은 약 40%로 올라갔다. 자문 엔지니어들은 다른 회사와 뚜렷이 다른 서비스를 제공하는 VIXVAC를 더 많이 찾는다. 게다가 VIXVAC의 직원들이 직접 면담이나 인터넷을 통해서 많은 도움을 주기 때문에 자문 엔지니어들은 VIXVAC와 함께 일하는 것을 좋아한다.

VIXVAC는 따스하고 근사한 미래를 앞두고 있다. 기술이 아무리 변해도, VIXVAC는 자문 엔지니어들과 계속 돈독하게 지낼 것이다. 또 아무리 많은 경쟁자가 시장에 진출하더라도 VIXVAC는 독특한 가치의 목록에 더 많은 구성요소를 추가함으로써 자신을 차별화할 수 있다. 그리고 미래에 그 어떤 즉각적 커뮤니케이션 기술이 등장하더라도 VIXVAC는 그것을 이용해서 자문 엔지니어들과 더 효과적으로 의견을 교환할 수 있을 것이다. 모든 면에서 VIX-VAC는 전략적 기업이 되었다.

고객에게 초점을 맞춘다

위에 제시한 시나리오들이 보여주듯이, 전략적 기업으로 변화하려면 무엇보다 먼저 관점의 변화가 필요하다. 더 이상 제품이나 서비스가 아니라 특정 유형의 고객에게 초점을 맞춰야 한다는 뜻이다. 대부분의 기업은 이미 상대하고 있던 유형의 고객들을 선택할 것이다. 따라서 완전히 새로운 회사를 설립할 필요는 없다. 자신이 선택한 고객 유형을 전략적 사고의 출발점으로 삼고, 특정 제품과 서비스(즉 가치 요소)로 거꾸로 되짚어 오면 되는 것이다.

그러면 기존 제품과 서비스가 고객에게 제공하는 가치를 더 분명히 평가할 수 있고, 기존 제품의 어떤 면을 개선해야 하는지 쉽게 파악할 수 있으며, 어떤 신제품을 시장에 내놓아야 하는지 알 수 있다. 고개를 180도 돌리기만 하면 된다.

물론, 전략적 기업을 구축하려면 관점의 변화 외에도 많은 것이 필요하다. 다음 장 '전략적 기업으로 가는 12단계'에서 시대착오적인 19세기식 기업을 21세기에 성공할 준비를 갖춘 전략적 기업으로 변화시키는 방법을 단계적으로 설명하겠다.

chapter 07

전략적 기업으로 가는 12단계

우리가 혼자서 모험을 감행해야 하는 것도 아니다. 고금의 영웅들이 앞서 이 길을 지나갔기 때문이다. 미로의 비밀은 철저하게 밝혀져 있다. 우리는 매어둔 실을 따라 영웅이 갔던 길을 가면 된다. 그리고 끔찍하고 혐오스러운 것을 발견하리라고 생각했던 곳에서 우리는 신을 발견할 것이다… 혼자 남게 될 것이라고 생각했던 곳에서 우리는 온 세상과 함께 있게 될 것이다.

_ 조지프 캠벨, 《신화의 힘》

전략적 기업으로 변신을 꾀하는 것은 영웅적인 모험에 나서는 것과 같다. 과거의 안정을 버리고 새로운 길을 개척하는 것이다. 그러나 두려워할 필요 없다. 신화학자인 조지프 캠벨이 말했듯이, 미로의 비밀은 철저하게 밝혀져 있다. 우리보다 앞서 세계적 변화에 직면했던 사람들이 자신의 기업을 변화시킨 바 있다.

1800년대 초 사람들은 산업혁명이 가져온 새로운 환경에 적응해야 했다. 사업방식을 바꾸고, 세계관을 바꿔야 했다. 수많은 시행착오 끝에 그들은 틀림없이 성공을 거두었다. 따라서 우리는 변화의 미로 속에서 앞서 지나간 사람들이 남겨놓은 실을 따라가기만 하면 된다. 그러면 21세기에 기업이 따라가야 할 진정한 사명을 발견하게 될 것이다.

전략적 기업으로 변신하려면 사실 12단계의 과정을 똑바로 따라가기만 하면 된다.

먼저 회사 안팎의 사람들을 모아 전략팀을 만든다. 그다음에는 고객 유형을 선택한다. 그다음에는 그 고객들에게 어떤 독특한 가치 요소를 제공할 것인지 파악한다. 그다음에는 자신이 제공하는 혜택을 분명하게 전해줄 홍보 아이디어를 개발한다. 그다음에는 자신이 선택한 유형의 잠재고객을 끌어들이기 위해 어떤 가치를 무료로 제공할 것인지 결정한다. 그다음에는 통일된 메시지를 만든다. 그다음에는 일관된 CI 작업을 확립한다. 그다음에는 고객과 잠재고객에 대한 정보를 저장할 데이터베이스를 구축한다. 그다음에는 고객 데이터베이스를 중심으로 정보 시스템을 구축한다. 그다음에는 가치 요소를 신속히 조합할 수 있는 시스템을 개발한다. 그다음에는 디지털 매체와 전통적인 매체를 통해 기업을 홍보한다. 마침내 고객들과 장기적으로 긴밀한 관계를 맺는다.

이것이 전부다. 기업을 변화시키기 위해 반드시 하버드의 경영학 석사학위가 있어야 하는 것은 아니다. 사실 경영학 석사들도 학교에서 배운 탁상공론은 제쳐두고 이 기본적인 단계들을 밟아나가야 한다. 그러면 모두가 엄청난 시간과 돈을 절약할 수 있을 것이다. 따라서 이 단계들이 간단해 보인다고 해서 시들해지면 안 된다. 내가 여러분을 위해 15년 동안 노력해서 원래 복잡했던 과정을 간단하게 정리한 것이다. 나는 1,800곳 이상의 기업들을 위해 전략과 시스템을 개발하며 효과가 있는 것과 없는 것을 파악할 수 있었다. 그러니 한 단계라도 건너뛰어서는 안 된다. 이 책에 제시된 모든 단계를 차례로 밟아야 한다.

전략적 기업 팀을 만든다

효과적인 전략을 개발하고 통일된 시스템을 구축하기 위해서는 전략적 기업 팀을 만들어야 한다. 이 팀은 고객 유형을 선택하고, 회사가 보유한 가치 요소를 파악하고, 기준이 되는 홍보 아이디어를 개발할 것이다. 이 팀은 또한 (데이터베이스나 웹사이트 시스템과 같은) 모델 시스템을 설계하고 개발하는 작업을 하게 될 것이다.

전략적 기업 팀은 회사 안팎의 사람들로 구성할 수 있다. 모든 중요부서의 사람들이 참여하는 것이 이상적이지만, 외부 컨설턴트와 공급업체를 중요시하는 기업이라면 그들도 이 팀에 포함시킬 수 있다. (전략적 기업은 모든 것을 혼자서 다 하려고 하지 않는다는 점을 명심해야 한다. 전략적 기업은 항상 온 세상에서 도움을 구한다.) 일반적으로 이 팀은 8~12명으로 구성된다.

팀의 통일성과 사기를 위해 다음과 같은 조건이 반드시 충족되어야 한다.

- 모든 팀원이 전략과 시스템 개발에 참여한다.
- 모든 팀원이 새로운 전략의 실행 및 새로운 시스템의 구축에 필요한 조치들에 대해 책임감을 갖는다.
- 매번 회의가 끝날 때마다 작업 진행상황을 점검할 다음 회의 계획을 짜고 일시를 정해놓는다.
- 정해진 시간에 반드시 회의를 개최한다(회의를 임의로 미루거나

취소해서는 안 된다).

- 회의가 열릴 때마다 그때까지 진행된 작업을 인정하고 축하한다.

- 모든 팀원이 회의에서 결정되는 추가 조치들에 대해 책임을 진다.

4가지 전략적 기본 원칙

전략적 기업 팀이 장기적인 협동체제를 유지하려면 모든 사람이 다음의 4가지 기본 원칙에 동의해야 한다.

1. 제품이나 서비스가 아니라 고객을 중심으로 사업을 구축하며, 특정 유형의 고객을 모든 전략적 사고의 출발점으로 삼는다.

2. 새로운 고객과 관계를 맺기 위해 가치 있는 제품과 서비스를 무료로 제공한다.

3. 더 좋은 전략을 짜고 더 좋은 시스템을 구축하기 위해 일정한 시간을 투자한다.

4. 고객들과 훌륭한 관계를 맺게 해주고, 독특한 가치를 창출해서 제공하는 능력을 강화해주는 새로운 전략과 시스템을 실행한다.

전략적 기업 팀에 속한 사람들이 이 원칙을 받아들인다면 전략적 기업으로의 변화가 신속히 이루어질 것이다. 그러나 팀원들이 이 원칙을 받아들이지 않는다면, 어떤 식으로든 의미 있는 진전이 이루어지지 못할 것이다.

 핵심 포인트

❶ 전략적 기업 팀은 회사 안팎의 사람들로 구성할 수 있다. 모든 중요 부서의 대표들이 반드시 포함되어야 한다.

❷ 하나의 팀으로서 새로운 전략을 만들고 새로운 시스템을 구축한 다. 추진력을 유지하고 의욕을 북돋우기 위해 정기적으로 회의를 연다.

❸ 하나의 팀으로 작업을 진행하기 위해 모든 팀원은 4가지 전략적 기본 원칙에 동의해야 한다.

관계우선의 법칙

단계 2 고객 유형을 선택한다

전략적 기업 팀이 가장 먼저 해야 하는 가장 중요한 임무는 고객 유형을 선택하는 것이다. 이 선택이 앞으로 오랫동안 기업이 나아갈 방향을 결정하게 되므로 신중해야 한다. 서둘러 결정을 내려서는 안 된다. 가능성이 있는 모든 유형의 고객을 검토한 뒤 마음을 정한다.

현재 진출해 있는 시장과 앞으로 진출하고 싶은 시장의 목록을 만들면 고객 유형을 선택하는 데 도움이 된다. 이 목록에 포함된 고객 유형이 어쩌면 몇 개에 불과할 수도 있고, 스무 개 이상이 될 수도 있다. 목록을 다 작성한 다음에는 각 유형에 우선순위를 매긴다. 다음과 같은 질문들을 스스로 던져보면 된다.

만약 고객 유형을 하나만 선택해야 한다면, 무엇을 선택할까? 고객 유형을 하나 포기해야 한다면, 무엇을 버릴 것인가? 이런 식으로 가장 좋은 것에서 가장 나쁜 것까지 우선순위를 매긴다. 인쇄소를 예로 들어보자. 이 인쇄소의 목록에 8개의 고객 유형이 있다고 가정하면, 아마 다음과 같을 것이다.

1. 협회
2. 디자인 회사
3. 소기업
4. 은행

5. 정부 부처

6. 보험회사

7. 광고 대행사

8. 제조업체

이 중에서 협회를 고객 유형으로 선택한다고 가정하자. 따져보니 이 인쇄소는 여러 종류의 협회들에 맞는 독특한 가치를 창출해서 제공하는 데 이상적인 조건을 갖추고 있다. 소식지, 회원자료, 웹사이트, 회원들에게 보내는 우편물 등 협회들에 필요한 다양한 제품과 서비스를 처리할 능력이 있기 때문이다.

협회를 선택하는 것은 좋은 출발이다. 그러나 여기서 한 발 더 나아갈 필요가 있다. 관계우선의 법칙에 담긴 정신을 반영하려면, 선택한 고객 유형은 기업이나 단체가 아니라 사람을 기준으로 한 것이어야 한다. 관계를 맺는 것은 사람이지 단체가 아니기 때문이다. 그러니 고객 유형의 정의를 조금 넓혀보자. 그러면 협회가 아니라 협회 관리자가 고객이 된다. 제품을 구입하고 돈을 지불하는 사람들이 바로 이들이다. **핵심 포인트**: 고객 유형은 기업이나 단체가 아니라 반드시 사람이어야 한다.

첫 번째 고객 유형을 선택하고 나면, 목록에 있는 다른 유형들이 아깝다는 생각이 들 수 있다. 디자인 회사는? 소기업은? 은행은? 오래전부터 돈을 벌어주던 고객을 버려야 하는 건가? 오로지 협회 관리자들한테만 초점을 맞춰야 하나?

이 질문들에 대답하기 위해서는 시장의 규모와 자신의 핵심 능력을 평가해야 한다. 협회 관리자들을 중심으로 기업 전체를 운영할 수 있는가? 그 시장의 크기와 수익성이 충분한가? 만약 시장의 규모와 수익성이 충분하다면 협회 관리자들에게만 초점을 맞춰도 될 것이다. 그러나 시장이 너무 작다면, 협회 관리자 외에 디자인 회사의 인쇄물 담당자를 추가로 선택할 수도 있다. 이렇게 복수의 고객 유형을 선택하는 경우, 각각의 유형을 완전히 별도의 사업대상으로 간주해야 한다. 각각의 고객 유형을 위해 독특한 가치 요소를 따로 개발하고, 기준이 되는 홍보 아이디어도 철저히 분리해야 한다는 의미다.

소기업이라면, 고객 유형을 하나만 선택하는 것이 가장 좋다. 회사의 자원이 한 개 이상의 시장을 겨냥하기에 충분하지 않을 가능성이 크기 때문이다. 하지만 대기업이라면, 즉 《포천》 500대 기업에 드는 곳이라면, 수백 개는 아니라도 최소한 수십 개의 고객 유형을 선택해서 공략할 수 있다. 소기업에는 없는 자원을 갖고 있기 때문이다. 하지만 기업이 아무리 커도, 두 번째로 선택하려는 시장이 아무리 매력적으로 보여도, 처음에는 단 하나의 고객 유형을 선택하는 것이 좋다. 고객 유형을 하나만 선택해서 전략적 변신의 길을 헤쳐 나가는 것이다. 이렇게 전략적 기업의 요령을 터득한 뒤 고객 유형을 원하는 대로 선택해서 그 요령을 적용하면 된다.

고객 유형을 선택한 다음에는 시장 상황을 평가해야 한다. 다른 기업이 이미 그 유형의 고객들과 굳건한 관계를 맺고 있는가? 만약 그렇다면, 다른 고객 유형을 선택하거나, 훨씬 더 전문화를 추구해야 한다. 예를 들어, 컴퓨터 사용자를 고객 유형으로 선택했는데 시장을 조사해보니 수많은 기업이 컴퓨터 사용자들을 겨냥하고 있다. 이런 경우에는 전문화를 더욱 더 추구해야 한다. 전 세계의 모든 컴퓨터 사용자들과 관계를 맺으려고 노력하는 대신 특정 컴퓨터를 사용하는 사람들에게만 초점을 맞추는 식이다.

이 기업은 그들의 독특한 요구에 맞는 제품과 서비스, 전문지식을 제공하게 될 것이다. 아주 특화된 시장에 자신이 가진 모든 힘을 쏟는 것이다. 고객 유형이 특화될수록 기업은 역량을 더욱더 집중해서 성공을 거둘 가능성이 크다.

고객 유형을 선택하고 나면 이미 전략적 기업이 되는 길에 완전히 들어선 것이나 마찬가지다. 제품이나 서비스 대신 고객 유형을 전략적 사고의 출발점으로 삼자마자 달라진 점이 눈에 띌 것이다. 우선 선택한 유형의 고객들에게 제공하는 독특한 가치를 늘리는 방법을 논의하기 시작할 것이고, 잠재고객을 파악하기가 쉬워질 것이며, 장차 나아갈 방향을 훨씬 더 분명히 알 수 있을 것이다.

관계우선의 법칙

 **핵심 포인트**

❶ 고객 유형을 선택하는 것은 가장 중요한 전략적 결정이다.

❷ 선택한 고객 유형은 기업이 아니라 사람(예를 들어 협회가 아니라 협회 관리자)이어야 한다.

❸ 고객 유형이 특화될수록(예를 들어 컴퓨터 사용자가 아니라 특정 컴퓨터 사용자) 성공 확률이 높아진다.

단계 3 가치 요소의 목록을 만든다

선택한 유형의 고객에게 독특한 가치를 끊임없이 제공해준다면 그 기업은 전략적 기업으로서 21세기에 성공할 수 있을 것이다. 고객들에게 독특한 가치를 제공하는 방법은 가치 요소의 숫자를 늘리는 것이다. 그러면 고객이 이 가치 요소들을 모아서 각자 자신의 필요와 관심사에 적합한 독특한 제품으로 조합할 것이다. 그렇다면 셋째 단계는 고객에게 제공할 수 있는 가치 요소의 목록을 작성하는 것이다.

다큐멘터리와 TV 프로그램 제작사를 예로 들어보자. 과거에는 제품에 초점을 맞췄기 때문에 20세기의 주요 사건들에 관한 다큐멘터리를 만들었다. 그러나 전략적 기업으로 변신하기로 결정하면서 20세기 역사광들을 고객 유형으로 선택한다. 그리고 역사광들에게 어필할 수 있는 가치 요소들의 목록을 만든다. 거기에는 다음과 같은 것들이 포함된다.

- TV와 라디오의 뉴스
- 사극 영화
- TV와 라디오의 인터뷰
- 신문과 잡지 기사들
- 사진
- 역사책

- 20세기 역사 연구자와 전문가
- 연구 논문과 분석 논문
- 역사적 유적지
- 박물관과 거기에 소장된 20세기의 유물들

당신도 알 수 있겠지만, 이 가치 요소들은 모두 20세기 역사광들의 흥미를 불러일으킨다. 게다가 이것은 부분적인 목록에 불과하다. 새로운 구성요소가 생각나거나 발견될 때마다 계속 이 목록에 추가할 수 있다. 따라서 아이디어가 고갈되는 경우는 결코 없을 것이다. 또한 이 요소들을 조합하는 방법이 고갈되는 경우도 결코 없을 것이다. 제작사는 이 요소들을 조합해서 다음과 같은 것들을 만들 수 있다.

- 인터넷과 모바일로 제공되는, 20세기에 관한 멀티미디어 데이터베이스
- 20세기에 관한 다큐멘터리, 영화, TV 프로그램.
- 고객의 주문에 따라 20세기에 관한 내용만 담은 백과사전과 학습서.
- 역사기행 자문 서비스(수십 가지 방법으로 제공).
- 20세기를 주제로 강연을 하는 사람들의 모임.

이 제작사는 고객 유형을 선택하고 독특한 가치 요소들의 목록

을 작성함으로써 이제 훨씬 더 많은 제품과 서비스를 만들어낼 수 있게 되었다. 전략적 기업으로의 변신 과정이 지닌 또 하나의 역설이 바로 이것이다. 특정 고객 유형을 출발점으로 삼으면, 나중에는 훨씬 더 많은 제품을 만들어내는 능력을 갖게 된다는 것.

따라서 지금 당장 고객에게 제공할 수 있는 독특한 가치 요소들을 모두 적어보라. 먼저 기존 제품과 서비스에서 시작해서 생각나는 것을 추가하면 된다. 지금은 제공할 수 없는 것도 망설이지 말고 목록에 추가한다. 다른 기업이나 단체가 그것을 만들어줄 수도 있기 때문이다.

창조적인 생각이 자연스럽게 흘러가도록 내버려둔다. 전략적 기업가에게 기존 제품과 서비스에 대한 좁은 시야는 더 이상 방해가 되지 않는다. 그저 자신에게 이런 질문을 던지기만 하면 된다. 내가 선택한 고객 유형에게 즐거움을 제공하고, 관심을 불러일으키고, 도움을 주고, 힘을 주고, 만족감을 줄 수 있는 것은 무엇인가?

이것이 겨우 시작에 불과하다는 점을 명심해야 한다. 자신이 선택한 고객 유형에 대해 더 많은 것을 알게 될수록 고객들에게 제공할 가치 요소들을 무수히 발견할 것이다. 십중팔구 앞으로 아이디어가 고갈되는 경우는 결코 없을 것이다.

목록을 만든 다음에는 이미 고객에게 제공하고 있는 품목을 제외한다. 그리고 앞으로 제공하고 싶은 다른 요소들을 선택한다. 가치 요소를 수백 개씩 새로 만들 필요는 없다는 사실을 명심해야 한다. 그냥 지금 갖고 있는 것만 가지고 시작해도 된다. 처음에는 가치

관계우선의 법칙

요소를 단 한 가지만 제공해도 된다. 그런 것은 중요하지 않다. 이 단계에서 중요한 것은 제품과 서비스를 모두 구성요소로 간주하는 것뿐이다.

앞에서 예로 들었던 다큐멘터리 제작사는 자신이 이미 갖고 있는 작품들을 장면, 사건, 이야기 등 더 작은 구성요소로 나눌 수 있다. 각각의 작품을 별도의 제품으로 보지 않고, 서로 다른 구성요소들을 조합해서 만들어낼 수 있는 제품 중 하나로 보는 것이다. 제품과 서비스를 더 작은 구성요소로 보는 이러한 관점은 더욱 유연한 정보 시스템, 마케팅 시스템, 조합 시스템을 개발하는 데 도움이 될 것이다.

이 단계가 완성되면 자신이 선택한 유형의 고객에게 제공할 수 있는 가치 요소의 포괄적인 목록이 만들어진다. 가장 먼저 만들어서 고객에게 제공하고 싶은 가치 요소는 이미 선택된 다음이다. 기존 제품과 서비스를 구성요소로 나누는 작업 또한 진행 중일 것이다.

 핵심 포인트

❶ 자신이 선택한 고객 유형에 어필할 수 있는 모든 제품과 서비스(가치 요소)의 목록을 만든다.

❷ 현재 생산할 수 있는 가치 요소만으로 범위를 한정하지 않는다. 공급업체와 전략적 파트너가 다른 요소들을 공급해줄 수 있다.

❸ 제품과 서비스를 구성요소로 나눈다. 그러면 고객 각자의 독특한 요구에 더 잘 부응할 수 있을 것이다.

단계 4　기준이 되는 홍보 아이디어를 개발한다

　선택한 유형의 잠재고객을 끌어들이려면 반드시 분명하고 통일된 홍보 메시지를 전달해야 한다. 기준이 되는 홍보 아이디어controlling promotional idea, CPI라고 이름 붙인 이 홍보 방법을 이용하면 경쟁자들보다 부각될 수 있고, 마케팅 활동에도 질서가 생길 것이다. 예를 들어, 치과의사를 고객 유형으로 선택했다고 가정하자. 치과의사들을 끌어들이기 위해 '치과의사 지원 네트워크'라는 이름의, 기준이 되는 홍보 아이디어를 개발한다. 이 네트워크는 치과의사들의 성공을 도와주는 프로그램이다. 이 네트워크에 가입한 치과의사들은 다음과 같은 가치 요소를 수백 가지나 이용할 수 있다.

- 다른 치과의사들과 온라인 토론
- 수천 편이나 되는 치과 연구논문
- 치과 의료장비, 컴퓨터 하드웨어와 소프트웨어, 보험, 여행, 학회 등에 대한 가격할인
- 치과의 행정관리에 관한 의문에 답해주는 온라인 자문 위원회
- 기타 치과의사에게 유용한 수십 가지 제품과 서비스

　치과의사들에게 치과의사 지원 네트워크를 더욱 널리 알리기 위해 회사는《치과의사 지원 네트워크 매거진》의 무료 구독권과 10만 달러 상당의 비디오 치과 장비를 얻을 수 있는 응모기회를 제공

한다. 잡지를 무료로 보고 싶은 치과의사들은 치과의사 지원 네트워크 웹사이트를 방문해서 회원 가입 신청서를 작성하기만 하면 된다. 그런데 웹사이트를 방문한 치과의사들은 이 네트워크의 장점을 금세 깨닫고 자꾸 방문하게 된다.

치과의사 지원 네트워크와 같은 CPI를 만드는 것은 여러 가지 이유에서 중요하다.

첫째, 마케팅 프로그램에 통일감을 준다. 광고, 팸플릿, 보도자료, 광고 인쇄물 발송, 소식지, 웹사이트, 이메일 등 여러 마케팅 도구에 똑같은 내용이 담긴다는 뜻이다.

둘째, 잠재고객과 고객이 해당 회사의 제품/서비스와 그 혜택을 더 쉽게 이해할 수 있다. 서로 다른 여러 가지 메시지와 제품, 서비스가 혼란스럽게 얽혀 있지 않고 깔끔하게 조합된 프로그램이 고객에게 전달되기 때문이다.

셋째, 점점 빨라지고 있는 변화로부터 기업을 보호해준다. 기술이나 고객의 취향이 아무리 바뀌어도 기업은 항상 똑같은 프로그램에 의해 독특한 가치를 조합해낼 수 있다. CPI라는 개념을 10년, 20년, 30년 동안이나 사용할 수 있는 것이다.

CPI를 개발하는 과정은 다음과 같다.

- 고객 유형 또는 프로그램의 가장 커다란 혜택을 분명하게 밝히는 이름을 짓는다.
- 선택한 유형의 고객에게 이 프로그램이 제공하게 될 세 가지

중요한 혜택을 파악한다.

- 모든 마케팅 도구에 기준이 되는 홍보 아이디어를 적용한다.
- 기업이 제공하는 독특한 가치가 아무리 바뀌어도 오랫동안 이 CPI를 사용할 계획을 세운다.
- 고객 유형이 하나 이상이라면, 각각의 유형에 대해 별도의 CPI를 만든다.

 핵심 포인트

❶ 기준이 되는 홍보 아이디어를 사용하면 경쟁사보다 부각될 수 있고, 모든 마케팅 활동에 질서가 생긴다.

❷ 기준이 되는 홍보 아이디어는 고객에게 어떤 혜택이 제공되는지 분명하게 전달하는 데 도움이 된다.

❸ 기준이 되는 홍보 아이디어는 기술과 시장이 변하고 기업이 바뀌어도 오랫동안 쓸 수 있다.

관계우선의 법칙

잠재고객에게 유용한 것을 무료로 제공한다

전략적 기업은 잠재고객들이 세워둔 난공불락의 벽을 뚫으려고 노력하는 대신, 새로운 고객을 확보하기 위해 가치 있는 것들을 무료로 제공한다. 전략적 기업은 잠재고객들과 새로운 관계를 맺으려면 반드시 뭔가를 무료로 주어야 한다는 것을 알고 있다. 이렇게 무료로 주는 것은 세미나, 책, 조언, 회원권, 휴대전화, 여행, 컴퓨터, 현금 등 여러 가지다. 중요한 것은 상품을 홍보하기 전에 먼저 가치 있는 것을 무료로 제공해야 한다는 것이다. 그렇게 하지 않으면, 잠재고객들은 멀리 달아나버릴 것이다.

우리 회사는 잠재고객에게 '속성 전략 상담'을 무료로 제공한다. 우리는 상품을 홍보하는 대신 잠재고객을 만나 기업을 개선하는 데 즉시 사용할 수 있는 전략의 개발을 돕는다. 잠재고객은 두 번 다시 우리를 만나지 않더라도 자신이 사용할 새로운 전략을 얻을 수 있다. 우리는 또한 잠재고객에게 이 책《관계우선의 법칙》을 무료로 한 권 제공하고, 우리가 만든 온라인 소식지인《전략적 기업 저널》의 무료 구독권도 제공한다.

물론 이런 것들을 무료로 제공하기 전에 잠재고객을 신중하게 조사한다. 먼저 그들이 우리가 정한 고객 유형에 속하는지 확인하기 위해 수많은 질문을 던진다. 그리고 그들이 정말로 자신의 전략과 시스템을 개선하겠다는 의지를 갖고 있는지 확인한다. 다시 말해서, 눈에 띄는 사람 모두에게 공짜로 선물을 주는 것이 아니다. 그리고 그 보상을 기대한다. 잠재고객이 우리와 한두 시간을 보내주는 것. **핵심 포인트:** 무료 선물 덕분에 우리는 잠재고객의 문 안에 발을 들여놓을 수 있다. 이를 통해 우리는 그 고객과 관계를 시작할 기회를 얻는다.

따라서 선택한 유형의 잠재고객을 끌어들이기 위해 어떤 것을 무료로 제공할지 결정해야 한다. 별로 가치가 없는 것을 줄 수도 있고, 아주 값비싼 것을 줄 수도 있다. 그러나 구두쇠 같은 짓을 해서는 안 된다. 인색하게 굴다가는 원하는 결과를 얻지 못할 수도 있기 때문이다. 자신을 속여도 안 된다. 상품 홍보를 위한 강연이나 팸플릿을 무료로 제공하는 것은 잠재고객에게 아무 가치도 없다. 오로지 그것을 내놓은 기업에게만 가치가 있을 뿐이다. 고객의 입장에서, 자신이 원하는 것이 아니라 고객이 원하는 것을 생각해보아야 한다.

 핵심 포인트

❶ 잠재고객을 끌어들이기 위해 우선 가치 있는 것을 무료로 제공해야 한다.

❷ 무료로 제공되는 가치 있는 것들은 세미나, 책, 조언, 회원권, 휴대전화, 여행, 컴퓨터, 현금 등 여러 가지 형태를 띨 수 있다.

❸ 무료로 제공하는 것의 가치가 클수록 더 많은 잠재고객을 끌어들일 수 있다.

관계우선의 법칙

통일된 메시지를 만든다

기준이 되는 홍보 아이디어를 만들고, 잠재고객에게 무료로 제공할 것을 결정한 다음에는 그 내용을 고객들에게 전달할 도구, 즉 발표회, 팸플릿, 웹사이트, 이메일, 광고, 광고 인쇄물 발송 등을 개발해야 한다. 그때 통일된 메시지를 제시하는 것이 중요하다. 메시지를 전달하는 모든 도구에 똑같은 내용이 담겨 있어야 하는 것이다. 여기에는 반드시 똑같은 말, 똑같은 단어, 똑같은 어조가 사용되어야 한다.

통일된 메시지를 제시하는 것이 왜 중요한가? 일관된 메시지는 그 기업이 조직적이고 전문적이며 중심이 잘 잡혀 있다는 것을 보여준다. 고객과 잠재고객이 이 회사에서 제공하는 독특한 가치를 빨리 인식하는 데에도 도움이 된다. 사실 기업이 제공하는 가치를 고객들에게 인식시키는 것은 판매와 마케팅 활동에서 가장 먼저 맞닥뜨리는 커다란 장애물이다.

일관된 메시지 전달을 위해 핵심적인 메시지는 반드시 단 하나의 문서를 기반으로 해야 한다. 나는 이 핵심적인 문서를 '결정적인 글definitive article'이라고 부른다. 결정적인 글을 만들려면 작가를 고용해서 기업을 이끄는 사람들과 전략적 기업 팀의 팀원들을 인터뷰하게 해야 한다. 이 작가가 초안을 작성해서 경영자와 전략적 기업 팀에 제출하면, 함께 내용을 살펴보고 잘못된 부분을 수정한다. 기업의 스타일과 독특한 특징을 가장 잘 나타낼 수 있는 단어와 표현이 무엇인지 정확하게 결정해야 한다. 이렇게 초안 작성, 편집, 수정을 거치고 나면 결정적인 글이 완성된다.

결정적인 글은 마케팅 프로그램의 선언서가 될 것이다. 팸플릿이나 웹사이트에 실릴 내용을 작성할 때 이 글을 참고하면 된다.

이런 방식은 작업속도를 높이고 시간과 돈의 낭비를 줄여준다. 기업을 변화시킨다면, 결정적인 글의 내용도 그에 맞게 편집한 뒤 기존 마케팅 자료를 바꾸면 된다.

결정적인 글의 예를 보여주기 위해 우리 회사가 '전략적 기업 프로그램'을 위해 작성했던 결정적인 글을 다음에 제시해놓았다.

전략적 기업 프로그램은 더 나은 사업을 계획하고 구축하는 일을 돕는다. 이 프로그램의 독특한 기획 및 실행 과정은 다음과 같은 활동에서 여러분과 팀에 도움이 될 것이다.

- 새로운 고급 잠재고객을 끌어들이고 기존 고객에게 더 높은 가치를 제공하기 위한 전략의 개발.
- 더 효과적이고 효율적인 기업 시스템의 설계 및 구축.
- 정해진 시간 안에 예산에 맞춰 시스템 개발과 프로그램 개발 완수

전략적 기업 프로그램의 개념과 원칙은 관계우선의 법칙에 바탕

을 두고 있다.

관계우선의 법칙은 변화의 속도가 점점 빨라지고, 경쟁이 심해지고, 즉각적인 커뮤니케이션이 가능한 오늘날의 세계에서 여러분의 성공을 돕기 위해 고안된, 21세기의 혁신적인 사업 모델이다. 전략적 기업 프로그램은 여러분이 각사 해당 분야에서 사용할 수 있는 더 나은 전략과 시스템의 개발을 도와줄 10여 개의 모듈로 구성되어 있다. 이 프로그램을 구성하고 있는 모듈들은 '획기적인 사업 구축' '결정적인 글' '기준이 되는 홍보 아이디어' '인기 있는 웹사이트 작성' '강렬한 소식지 발간' '효과적인 홍보 계획' '재계 유명인사 프로그램' '사무실 정리 연습' '데이터베이스 통합' '마케팅 자료 통일' '마케팅 자료 디지털화' '전략적 네트워크 구축' 'E-비즈니스 이윤 솔루션'이다.

전략적 기업 프로그램의 각 모듈은 모두 세 부분으로 이루어진 똑같은 과정을 따른다.

- **전략적 시스템 감사** : 기업의 전략과 시스템의 효과 및 효율을 분석한다. 전략적 기업 감사 보고서는 기존 전략 및 시스템의 장단점을 밝히고 이들을 개선하기 위해 즉시 취할 수 있는 조치들을 권고한다.
- **전략 및 시스템 설계 워크숍** : 전략적 시스템 감사에 이어 이상적인 마케팅 전략과 기업 시스템의 모델 설계를 위해 워크

숍을 연다. 이 워크숍에서 기업은 새로운 마케팅 전략을 실행하고 새로운 시스템을 구축하기 위한 단계별 행동계획을 개발한다.

• **작업 진척 및 행동 회의** : 이 회의는 더 효과적인 마케팅 전략과 기업 시스템의 개발 작업이 꾸준히 이루어지고 있음을 확인하기 위해 정기적으로 열린다.

이 결정적인 글 덕분에 우리는 고객에게 일관된 메시지를 전달할 수 있다. 우리 웹사이트, 팸플릿, 홍보용 인쇄물, 보도자료, 이메일, 서한, 연설, 발표회에서 언제나 똑같은 문구가 사용된다. 우리 기업과 프로그램에 대한 설명을 바꾸고 싶으면, 우선 결정적인 글을 바꾸고 나서 다른 홍보 도구들의 내용을 바꾼다.

핵심 포인트

❶ 전략적 기업은 전문가라는 이미지를 심기 위해 언제나 일관되고 통일된 메시지를 고객에게 전달한다.

❷ 통일된 메시지를 만들려면 팸플릿이나 웹사이트 같은 마케팅 도구를 개발하기 전에 결정적인 글이라고 불리는 문서를 먼저 작성해야 한다.

❸ 결정적인 글은 마케팅 프로그램의 선언문이 된다. 기업이 내보내는 모든 메시지에는 결정적인 글이 반영되어야 한다.

관계우선의 법칙

단계 7 **확실한 CI를 확립한다**

전략적인 기업은 고객에게 일관된 그래픽 이미지를 제시한다. 전략적 기업이 의사전달을 위해 사용하는 도구들, 즉 명함, 편지지, 팸플릿, 광고, 웹사이트 등은 마치 한 가족 같다. 똑같은 그림, 색깔, 활자체, 편집체제를 사용하기 때문이다.

일관된 그래픽 이미지를 확립하려면 먼저 스타일 관리지침Style control guide을 만들어야 한다. 스타일 관리지침이란 기업이 의사소통에 사용하는 모든 도구의 샘플을 모아놓은 것을 말한다. 여기에는 팩스 표지, 데이터베이스 스크린 인쇄물 등 고객, 공급업체, 직원들에게 제시되는 도구들이 포함된다. 이 문서들을 한데 모아놓으면 이들이 서로 일관된 모양인지, 아니면 중구난방인지 알 수 있을 것이다.

전략적 기업 팀의 팀원 중 한 명에게 스타일 관리지침을 책임지고 만들게 한다. 그리고 그 사람을 스타일 관리지침 관리자로 임명한다. 그 사람은 그래픽 디자이너와 함께 스타일 관리지침 원칙을 확립하고 의사소통에 사용하는 모든 도구를 이 기준에 맞출 것이다. 일단 기준이 마련되면, 회사 내의 모든 사람에게 알려야 한다. 또한 표준 형판을 만들어 사람들이 스타일 관리지침의 기준에 맞는 새로운 의사소통 도구를 신속히 만들 수 있게 해줄 수도 있다.

결정적인 글과 마찬가지로 스타일 관리지침은 기업이 사용하는 모든 양식에 단 하나뿐인 원천이 될 것이다. 이 지침 덕분에 전략적 기업은 일관성을 유지하면서도 훨씬 유연해질 수 있다.

 핵심 포인트

❶ 명함, 편지지, 팸플릿, 광고, 웹사이트 등 의사소통에 사용하는 도구들은 똑같은 그림, 색깔, 활자체, 편집체제를 이용해야 한다.

❷ 일관된 그래픽 이미지를 확립하려면 의사소통에 사용하는 모든 도구의 표본이 담긴 스타일 관리지침을 만든다.

❸ 모든 의사소통 도구에 적용할 그림, 색깔, 활자체, 편집체제의 기준이 되는 스타일 관리지침을 확립한다.

통합된 고객 데이터베이스를 구축한다

　전략적 기업에서는 모든 정보 시스템과 컴퓨터 시스템이 제품이나 서비스가 아니라 고객 중심으로 설계되어 있다. 따라서 가장 먼저 만들어야 하는 것은 고객 데이터베이스다. 고객 데이터베이스란 모든 고개과 잠재고객의 이름이 지징된 데이터베이스를 뜻한다. 다른 데이터베이스들과 의사소통 도구들은 이 고객 데이터베이스를 중심으로 만들어진다.

　데이터베이스를 만들려면 데이터베이스 소프트웨어 프로그램을 선택해야 한다. 어떤 프로그램을 선택하든 별로 중요하지는 않지만, 판매와 고객접촉을 자동으로 처리해주는 프로그램 대신 일반적인 데이터베이스 소프트웨어가 더 추천할 만하다. 일반적인 데이터베이스 소프트웨어를 사용하면 훨씬 더 유연성을 발휘할 수 있고, 나중에 필요한 경우 정보를 다른 플랫폼으로 쉽게 옮길 수 있다.

　이미 한 개 이상의 고객 데이터베이스를 갖고 있다면, 이들을 중앙 데이터베이스에 하나로 모아야 한다.(회사 내에 여러 종류의 고객 데이터베이스가 여기저기 흩어져 있는 것이 아니라, 단 하나의 고객 데이터베이스만 존재해야 한다는 것이 가장 중요한 원칙이다.) 또한 명함에 수록된 정보를 데이터베이스에 입력하고, 중복된 정보를 정리하고, 오류를 수정하고, 빠진 데이터를 채워 넣어야 한다. 처음에는 매우 큰 일이지만, 일단 작업을 완수하고 나면 정확한 최신 정보가 담긴 중앙 데이터베이스가 만들어진다. 그러고 나면 고객과 잠재고객을 중심으로

하는 통합 정보 시스템을 만들 수 있다.

 핵심 포인트

❶ 전략적 기업에서는 모든 정보 시스템과 컴퓨터 시스템이 제품이나 서비스가 아니라 고객을 중심으로 설계된다.

❷ 정보 시스템의 중앙에는 반드시 고객 데이터베이스가 있어야 한다.

❸ 고객 데이터베이스는 회사 내의 여기저기에 여러 종류가 흩어져 있는 것이 아니라 단 하나만 존재해야 한다.

관계우선의 법칙

단계 9 정보 시스템을 통합한다

전략적 기업이 되려면 회사 내의 모든 사람이 정보를 쉽고 빠르게 주고받을 수 있어야 한다. 가치의 창출과 제공에 대부분의 시간을 쓰면서 가치가 낮은 활동에 할애하는 시간은 줄일 수 있게 해주는 정보 시스템이 필요하다. 이 시스템은 창의력을 강화하고, 고객들과 좋은 관계를 맺는 데 도움이 되어야 하며, 회사와 고객이 가치 요소들을 신속히 조합할 수 있게 해주어야 한다. 기업의 두뇌이자 중추 신경계 구실을 하는 시스템이다.

위와 같은 일들은 통합 정보 시스템이 있어야만 가능하다. '통합 정보 시스템'이란 하나의 플랫폼에서 운영되면서 기업의 모든 정보를 한 곳에서 이용할 수 있게 해주는 시스템을 말한다. 그동안 나는 통합적인 시스템을 갖고 있는 기업이 극소수라는 사실을 알고 깜짝 놀랐다.

전략적 시스템 감사를 실시해보면 기업의 시스템이 분열되어 있는 경우가 대부분이다. 정보가 기업 내의 서로 다른 데이터베이스에 흩어져 있고 서로 다른 플랫폼에서 운영되는 경우가 많기 때문에, 직원들은 필요한 정보를 얻지 못해 갑갑해한다. 이들이 정보를 이용하려면 정보를 한 플랫폼에서 다른 플랫폼으로 옮겨야 한다. 이런 시스템을 보유하고 있는 기업은 엄청난 시간과 돈을 낭비하며 많은 기회들을 놓치고 있다.

내가 통합 정보 시스템을 권하는 것은 이 때문이다. 통합 정보 시스템을 구축하기 위해서는 다음 원칙들을 준수해야 한다.

1. 고객을 중심으로 삼는다.

다시 강조하자면, 시스템의 중앙 데이터베이스에는 고객, 공급업체, 직원, 전략적 파트너 등 기업과 관련된 모든 사람의 정보가 있어야 한다. 우리는 이것을 인물 데이터베이스라고 부른다.

2. 기술보다 비전이 먼저다.

기술에 따라 비전에 한계를 두는 것이 아니라, 비전에 따라 기술 유형을 선택해야 한다. 먼저 이상적인 시스템 모델을 정하고, 이 모델을 실제로 만드는 데 필요한 기술을 선택한다.

3. 팀을 이루어 함께 일한다.

전략적 기업 팀은 팀원의 합동작업을 통해 IT 컨설턴트와 회사 내 전문가에게 방향을 제시해주어야 한다. 컴퓨터 컨설턴트들을 오도 가도 못하는 곤경에 빠뜨리면 안 된다.

4. 소프트웨어 플랫폼은 한 가지만 사용한다.

데이터베이스 플랫폼을 선택한 다음에는 기업이 사용하는 모든 정보가 최대한 그 플랫폼에 저장되고 거기에서 이용되어야 한다.

5. 자기만의 독점 시스템을 사용하지 않는다.

한 기업만이 독점으로 사용하는 시스템(예를 들어 영업-고객 접촉-관리 소프트웨어)의 설계가 훌륭하고 수많은 기능이 갖춰져 있는 경우가 많은 것은 사실이지만, 이런 시스템이 기업의 장기적인 전략적 필요에 반드시 부응하는 것은 아니다. 단기적인 생산성 향상을 얻는 대신 장기적인 성장을 포기해야 할 때가 많다.

6. 정보를 종류별로 데이터베이스 파일에 저장한다.

정보를 파일에 종류별로(제품 목록, 서한 목록 등) 저장한다. 예를 들어, 뉴욕에 사는 사람의 정보와 로스앤젤레스에 사는 사람의 정보를 각각 별도의 데이터베이스에 분리해서 저장하는 것이 아니라, 중앙의 고객 데이터베이스에 파일로 저장해야 한다는 뜻이다.

7. 기업의 중요 활동을 관리하는 데 데이터베이스를 이용한다.

최고의 유연성과 생산성을 확보하기 위해 기업의 모든 활동을 관리하는 데 데이터베이스를 이용한다. 기업 활동에는 스케줄 짜기, 서류 정리, 청구서 작성, 홍보, 재고 관리, 팀워크 등이 포함된다.

8. 사용자가 아니라 제작자가 된다.

기술발전 덕분에 평범한 사람들도 예전보다 훨씬 쉽게 데이터베이스를 구축하고 관리할 수 있게 됐다. 새로운 데이터베이스나 새로운 보고서, 또는 새로운 데이터베이스 관계를 만들기 위해 반드시 컴퓨터 전문가가 필요하던 시절은 지났다. 따라서 직원들이 이러한 임무를 직접 맡을 수 있을 만큼 자신감을 기르는 것이 중요하다.

그토록 많은 기업이 계획도 없이 정보 시스템을 구축하는 것을 보면 그저 놀라울 뿐이다. 이것은 마치 설계도도 그리지 않고 집을 짓는 것과 같다. 많은 기업의 시스템이 분열되어 있는 것은 바로 이 때문이다. 이 기업들은 먼저 이상적인 시스템 모델을 정하지 않았다. 자신이 나아갈 방향에 대한 분명한 계획도 없이 시스템 구축부터 시작했다. 이런 실수를 또 저지르면 안 된다. 정보 시스템을 구축하기 전에 하나의 팀을 구성해서 이상적인 시스템 모델을 만들어야 한다.

 핵심 포인트

❶ 전략적 기업을 만들려면 고객 데이터베이스를 중심으로 구축된 통합 정보 시스템이 있어야 한다.

❷ 통합 정보 시스템은 독특한 가치의 창출과 제공에 쓸 수 있는 시간을 늘리고, 가치가 낮은 활동에 사용하는 기간을 줄여줄 것이다.

❸ 소프트웨어를 선택해서 시스템을 구축하기 전에 이상적인 시스템 모델을 만든다.

관계우선의 법칙

단계 10 **고객과 쌍방 커뮤니케이션이 가능한 도구를 개발한다**

전략적 기업을 구축하려면 고객들과 쉽게 소통할 수 있어야 한다. 가치 있는 정보를 창출해서 전화, 이메일, 인터넷과 모바일을 통해 고객에게 전달할 수 있어야 한다. 인쇄물, 우편물, 직접적인 만남 같은 전통적인 수단을 사용할 수도 있다.

중요한 것은 기업의 입장에서 편리하거나 경제적인 매체가 아니라 고객이 원하는 매체를 사용해야 한다는 점이다. 만약 고객이 인터넷을 통해 거래를 하고 싶어한다면, 쌍방향 소통이 가능한 웹사이트를 개발해야 한다. 만약 고객이 직접적인 만남을 원한다면, 그들과 직접 만나야 한다. 모든 고객의 독특한 요구에 부응하려면, 대부분의 매체를 통해 효과적으로 소통할 수 있는 능력을 개발해야 할 것이다. 고객에게 선택권을 주어야 하기 때문이다.

다양한 매체를 이용해서 고객과 쌍방향 소통을 하고 싶다면, 먼저 통합 정보 시스템을 개발하는 것이 중요하다. 그래야 정보를 분류해서 이메일, 인터넷, 종이문서 등의 형태로 재빨리 출력할 수 있다.

정보 시스템과 데이터베이스 시스템은 기업의 두뇌라 할 수 있다. 인터넷이나 이메일 같은 의사소통 도구는 기업의 입이자 목소리다. 만약 두뇌가 강력하고 잘 정리되어 있다면, 그 입에서 나오는 내용 역시 고급일 것이다. 만약 시스템이 분열되어서 제대로 정리

되어 있지 않다면, 기업의 입을 통해 나오는 것은 영문 모를 횡설수설에 지나지 않을 것이다.

한편 정보 시스템과 의사소통 시스템이 개개인의 특성에 맞는 대규모 소통을 가능하게 해주어야 한다는 점도 매우 중요하다. 다시 말해서, 고객 또는 잠재고객 각자의 독특한 요구에 맞는 정보를 많은 사람에게 재빨리 전송할 수 있어야 한다는 뜻이다. 기업은 다음과 같은 일들을 힘들이지 않고 할 수 있어야 한다.

- 개별화된 문자, 편지, 이메일 전송
- 개별화된 인쇄물과 이메일을 대량으로 전송
- 고객 개개인의 개인 웹 페이지 지원
- 고객 개개인의 특성에 맞춘 팸플릿과 홍보물을 인쇄물, 이메일, 인터넷 문서로 작성
- 고객들에게 기업의 모든 행정적 처리를 위한 온라인 양식 제공
- 고객과 잠재고객에게서 다양한 방법으로 조사 데이터 수집

나는 《디지털 마케팅》이라는 책에서 전략적 기업이 이용할 수 있는 모든 디지털 통신수단과 전통적 통신수단에 대해 자세히 설명했다.

여기에는 전화를 바탕으로 한 쌍방향 음성 응답(IVR), 이메일, 인터넷, 개인 온라인 네트워크, 쌍방향 키오스크, 푸시 채널 등이 포

함된다. 21세기에 들어선 지금 수많은 통신수단이 등장할 것이다. 전략적 기업은 고객의 요구에 따라 이 새로운 능력들을 개발하게 될 것이다.

 핵심 포인트

❶ 전략적 기업을 만들려면 고객과 쉽게 소통할 수 있어야 한다.

❷ 가치 있는 정보를 창출해서 전화, 이메일, 팩스, 모바일, 인터넷을 통해 고객에게 제공할 수 있어야 한다. 인쇄물, 우편물, 직접적인 만남 같은 전통적인 수단을 사용할 수도 있다.

❸ 기업 입장에서 편리하거나 경제적인 매체가 아니라, 고객이 원하는 매체를 이용해서 고객과 소통해야 한다.

기준이 되는 홍보 아이디어를 실행한다

앞의 10가지 단계를 모두 완수하고 나면, 기업을 홍보할 준비를 갖춘 셈이다.

이제 자신이 제공할 수 있는 독특한 가치에 대한 약간의 기본적인 정보는 물론 무료로 제공할 가치에 대한 정보도 고객에게 전달해야 한다. 선제적인 마케팅 도구들과 그 밖의 여러 가지 방법이 여기에 쓰일 수 있다. 몇 가지 예를 들면 다음과 같다.

- 광고판, 라디오, TV, 잡지, 웹사이트에 광고 게재
- 소식지와 광고 우편물 발송
- 매체를 통한 홍보
- 이벤트 후원
- 이메일과 SNS를 통한 광범위한 정보 전달
- 네트워킹과 전략적인 파트너십
- 기타 수십 가지 선제적인 매체와 채널들

앞에서 말했듯이, 여기서 목표는 기업이 선택한 유형의 고객들에게 기준이 되는 홍보 아이디어와 무료로 제공할 선물을 알리는 것이다. 이미 어떤 유형의 고객들을 선택했기 때문에 기업을 홍보하는 데 적당한 방법을 고르기가 훨씬 쉬워진다.

예를 들어, 웜 피커 피플이라는 기업이 벌레 채집가를 고객으로

선택했다고 가정하자. 이 기업은 벌레 채집가들에게 '세계 벌레 채집가 프로그램'을 제공한다. 그들이 이 프로그램에 등록하도록 유도하기 위해 이 기업은 전자 벌레탐색기를 무료로 제공하고, 오스트레일리아의 덩힐에서 열리는 세계 벌레 채집가 엑스포의 2인용 여행권에 응모할 수 있는 기회를 준다.

잡지 《벌레 채집가의 세계》에 프로그램을 홍보하는 광고도 게재하고, 《벌레 채집가 저널》에 글을 기고하며, 인터넷에서 벌레 채집가 뉴스그룹의 후원자가 된다. 이 밖에도 벌레 채집가 연합에서 구입한 주소록을 이용해서 광고용 우편물을 발송한다. 이러한 홍보활동을 통해 웜 피커 피플은 전 세계의 거의 모든 벌레 채집가들과 닿을 수 있다. 이 회사의 프로그램과 무료 선물에 대해 알게 된 수천 명의 벌레 채집가들이 이 회사의 웹사이트인 웜네트로 몰려와 프로그램 신청서를 작성한다. 그리고 그 정보가 곧바로 회사의 데이터베이스에 입력된다.

이제 웜 피커 피플은 수천 명이나 되는 벌레 채집가에 대한 정보를 갖게 되었다. 따라서 고객 개개인의 특성에 맞춰 자신이 갖고 있는 독특한 가치 요소(채집 장비, 의류, 헤드라이트, 동영상, 책, 벌레 시장 자료 등)를 자세히 설명한 이메일과 인쇄물을 만들 수 있다. 이 홍보활동은 몇 달 되지 않아 대성공을 거둔다. 이 회사는 벌레 채집가들과 굳건한 관계를 맺고, 그들의 마음속으로 파고드는 데 성공했다. 심지어 벌레 채집가 협회의 명예 회원이 되기까지 했다.

웜 피커 피플의 경우와 마찬가지로, 기준이 되는 홍보 아이디어를 홍보하기 위해 다음 단계들을 밟아야 한다.

- 자신이 선택한 유형의 고객들이 이용하는 매체(신문, 잡지, 라디오, TV)를 알아낸다.
- 자신이 선택한 유형의 고객들이 자주 참가하는 지역 이벤트와 모임 등을 파악한다.
- 자신이 선택한 고객들을 겨냥하고 있거나, 그 고객들과 자신을 연결시켜줄 전략적 파트너를 찾는다.
- 자신이 선택한 유형에 속하는 고객들의 주소록을 구해 고객 데이터베이스에 입력한다.
- 자신이 선택한 유형의 고객들이 자주 이용하는 웹사이트, 메신저, SNS 등을 파악한다.
- 기준이 되는 홍보 아이디어에 관해 매체에 제공할 정보, 홍보용 문구, 광고를 만든다.
- 온라인 신청서, 메신저, 고객상담전화, 이메일 주소 등 자신이 선택한 유형의 고객들이 연락할 수 있는 적절한 수단을 개발한다.
- 적절한 매체를 통해 홍보활동을 진행한다.

선택한 고객 유형에 따라 때로는 잠재고객과 접촉하기 위해 한두 가지 방법만 사용해도 되는 경우가 있다. 직접 만나서 한 번 대화를 나눌 수도 있고, 아는 사람에게서 소개를 받을 수도 있다. 기존

관계우선의 법칙

의 사업을 통해 이미 많은 잠재고객을 알고 있을 수도 있다.

그러나 어떤 경우든 고객 유형을 분명히 해두면 마케팅 활동의 초점을 맞출 수 있고, 훌륭한 잠재고객을 더 쉽게 끌어들일 수 있을 것이다.

 핵심 포인트

❶ 자신이 선택한 유형의 고객들과 관계를 맺기 위해 그들에게 어떤 무료 선물을 제공하는지 알리는 것이 목적이다.

❷ 자신이 선택한 고객 유형에게 뜻을 전달하려면 선제적 마케팅 도구와 방법을 사용해야 한다.

❸ 뚜렷한 고객 유형을 선택했으므로, 기업을 홍보하기 위해 어떤 채널을 이용할지 결정하기가 훨씬 쉽다.

고객과 장기적이고 긴밀한 관계를 유지한다

전략적 기업의 임무는 특정 유형의 고객에게 끊임없이 독특한 가치를 제공해서 그들과 좋은 관계를 맺는 것이다. 일단 고급 고객들을 끌어들이고 난 후에는 그 관계를 오랫동안 지속하면서 점점 성장시켜야 한다.

장기적이고 좋은 관계를 배양하기 위해서는 반드시 다음 사항을 실천해야 한다.

- 거래에 대해 감사하고 있음을 보여준다.
- 정기적으로 고객들과 소통한다.
- 고객 각자를 개별적인 존재로 대우한다.
- 고객의 흥미를 끌 만한 새로운 가치를 끊임없이 추가한다.
- 장기 고객에게 특별 프로그램으로 보답한다.
- 고객의 사생활을 존중한다(허락 없이 자신이 갖고 있는 고객 정보를 판매하지 않는다).
- 고객의 말에 귀를 기울이고, 의견을 구하며, 그 의견을 바탕으로 행동한다.
- 고객들에게 뭔가를 바라기 전에 먼저 고객들에게 가치 있는 것을 제공한다.
- 실제적인 권한을 가진 쪽은 자신이 아니라 고객들임을 명심한다.

장기적이고 좋은 관계를 배양하는 것은 기술이며 예술이다. 이를 위해서는 적절한 능력이 필요하다. 고객 데이터베이스를 그토록 강조한 것은 이 때문이다. 이 데이터베이스는 기업이 갖고 있는 집단 기억이다. 여기에는 기업이 고객에 대해 알고 있는 모든 것이 들어 있다.

고객에 대해 더 많은 것을 알고 데이터베이스에 더 많은 것을 기록할수록, 기업은 독특한 가치들을 더 많이 창출해서 제공할 수 있다. 다양한 매체를 이용해서 고객들과 소통해야 하는 것은 이 때문이다. 고객들과 편안하게 소통할수록 고객과의 관계가 좋아질 것이다.

 핵심 포인트

❶ 장기적이고 좋은 관계를 유지하려면 고객에게 감사를 표현하고, 정기적으로 통해야 한다.

❷ 고객 데이터베이스는 기업이 갖고 있는 집단 기억이다. 이 데이터베이스에는 고객에 대해 기업이 알고 있는 모든 것이 들어 있다.

❸ 고객에 대해 더 많은 것을 알고 데이터베이스에 더 많이 기록할수록, 독특한 가치를 더 많이 창출해서 고객에게 제공할 수 있다.

영웅의 여행은 계속된다

이 12가지 단계를 완수한 기업은 전략적 기업이 된다. 영웅의 여행이 끝난 것이다. 그러나 이것은 시작에 불과하다.

전략적 기업 앞에는 다른 모험이 많이 놓여 있다. 전략적 기업은 항상 자신을 개선할 수 있는 새로운 방법을 찾고, 항상 고객에게 독특한 가치를 더 많이 제공할 방법들을 찾아 헤맬 것이다. 또한 항상 새로운 고객을 찾아다닐 것이다. 그것이 전략적 기업의 아름다움이다. 그 기업 앞에 놓여 있는 것은 성장과 기회뿐이다. 그것들을 즐기기 바란다.

| 에필로그 |

변화 속도가 점점 빨라지고, 경쟁이 더욱 심해지고, 즉각적인 커뮤니케이션이 가능해진 세계적 현실의 힘이 21세기의 시장을 휩쓸고 있는 가운데, 기업의 세계는 알아볼 수 없을 정도로 변해버릴 것이다. 이러한 변화를 제대로 인식하려면, 먼 미래를 내다보면서 그때 무슨 일이 일어날 것인지 추측해 보는 것이 도움이 된다. 이제 서기 2050년의 세상에서 현실이 될 가능성이 있는 3가지 시나리오를 미래의 소비자가 되어 살펴보자.

거주 노드
도시국가 연합 넥서스 업랜드
2050년 4월 9일

타마린 스타는 매우 기뻐하고 있다. 그의 사이버 파수꾼인 타오가 전해준 주택소유주연합의 데이터 메시지 때문이다.

"선생님께서는 주택소유주연합의 회원 자격을 획득하셨습니다. 선생님과 선생님의 파트너인 미오는 다음 달에 새로운 거주 노드로 이사하실 수 있습니다. 이사하시기 전에 조치를 취해 선생님의 관계들을 바꿔주시기 바랍니다. 감사합니다."

타마린은 다차원 회전안경을 끄고 타오를 불러낸다.

"내 일차 거주관계를 주택소유주연합으로 바꿔줘, 아파트먼트드웰러닷컴(apartmentdweller. com)에 연락해서 내가 그들의 거주지에서 나갈 거라고 말해. 아파트먼트드웰러닷컴의 보험 회사, 데이터 이용권 제공사, 청소회사, 멀티 콘텐츠 네트워크와도 관계를 취소해야 해. 주택소유주연합의 업체들에 가입할 거니까. 모든 일을 빨리 처리해줘. 새로운 관계가 어떨지 정말 기대가 된다."

타마린은 지난 몇 주 동안을 되돌아보며 자신이 올바른 결정을 내렸다고 생각한다. 그와 미오에게 접근한 주택연합은 50개가 넘었다. 그 모든 연합이 그들에게 거주 노드를 무료로 제공해주겠다고 제안했지만, 두 사람의 어린 아들인 맬펙의 대학 등록금까지 대주겠다고 제안한 곳은 주택소유주연합밖에 없었다. 그것이 결정타였다. 게다가 주택소유주연합의 평판도 굉장했다. 타마린이 아는 사람 중에도 주택소유주연합과 좋은 관계를 유지하는 사람이 수십 명이나 된다. 사실 주택소유주연합은 전 세계 주택소유주들과 가장 높은 관계 점유율을 기록하고 있다. 이 회사가 주택소유주들에게 수천 가지 고급 제품과 서비스를 제공하기 때문에 사람들은 이 회사를 무척 좋아한다.

새 거주 노드로 이사 갈 때 타마린과 미오는 아무것도 하지 않아도 될 것이다. 모든 것이 두 사람에게 맞춰 마련되어 있을 테니까. 주택소유주연합은 핵융합 발전기, 생활용품, 가구, 오락 센터, 데이터 이용권, 헬리포트에 있는 호화 공중 택시 등의 공급업체들과 대신 계약을 해줄 것이다. 두 사람이 현재 살고 있는 아파트에서 짐을 옮기는 것도 처리해줄 것이다. 주택소유주연합과의 관계를 선택하기를 잘했다는 생각이 든다.

하루 휴가
뉴욕 어퍼 웨스트 사이드
2050년 8월 9일

애스퍼 록은 통신 센터의 안락의자에 편안히 앉아서 하루 휴가를 즐기고 있다. 휴가 덕분에 그녀는 오늘 하루 종일 전 세계 데이터필드를 누빌 수 있다. 애스퍼가 스쿠버 채널에 접속하자 그곳의 직원인 윌 판더스브룩이 그녀를 맞는다.

"스쿠버 채널에 다시 오신 것을 환영합니다, 애스퍼. 오늘은 뭘 하고 싶으십니까? 코럴 리프에서 3차원 사이버 다이빙은 어떠십니까? 저희 스쿠버 리조트에 휴가 예약을 해드릴까요? 아니면 스쿠버 전자책을 사는 건 어때요? 아니, 가상 대화방에 들어가는 것은요? 골라보세요."

"난 스쿠버 다이버 몇 명하고 만나서 야간 다이빙에 대해 이야기를 나누고 싶어요. 그리고 보르네오 연안에 있는 난파선에 대한 정보도 얻고 싶어요. 데이터필드에서 난파선에 대한 멀티미디어 자료를 좀 찾아주겠어요?"

"30초만 기다려주세요. 애스퍼. 아, 여기 있군요. 10분 후에 야간 다이빙에 관한 대화방이 열릴 겁니다. 제가 예약해드리죠. 대화방에서 당신 사진을 그대로 쓸 건가요. 아니면 가상 이미지를 쓸 건가요? 그리고 보르네오의 난파선에 대한 검색결과가 왼쪽 하단 창에 방금 떴습니다. 이 서비스의 가격은 435인터크레딧이고, 사이버 세금이 부과될 겁니다."

"좋아요, 윌. 난 스쿠버 채널의 서비스가 정말 마음에 들어요. 내가 지난달에 당신한테서 산 그 스쿠버 장비는 정말 좋았어요. 당신이 지난주에 나를 위해 편집해준 전자책도 재미있었고요. 앞으로도 열심히 해주세요. 그리고 만약 가능하다면, 우리집 부엌에 있는 스쿠버 포스터를 좀 바꿔줘요. 오늘밤에는 상어 그림을 보고 싶어요. 내 전남편이 올 텐데, 거기에 딱 맞는 분위기를 마련하고 싶거든요."

관계우선의 법칙

호호호
오스트레일리아 퍼스
2050년 12월 9일

크리스마스가 코앞으로 다가왔으니 조지 에스트라다가 당황해서 허둥대야 마땅하다. 서른 개 이상의 크리스마스 선물을 사야 하는데 아직 하나도 사놓은 것이 없기 때문이다. 그러나 조지는 별로 걱정하지 않는다. 크리스마스 쇼핑 대행사인 호호호와 관계를 맺고 있기 때문이다. 그는 지난 5년 동안 계속 호호호를 이용했는데, 한번도 실망한 적이 없었다.

"내 데이터베이스 목록을 지금 전송하고 있어요." 조지가 루돌프에게 말한다. 루돌프는 호호호 고객 응대센터의 주인인 작은 장난꾸러기 순록이다. "가장 싼 가격에 가장 품질이 좋은 선물을 찾아줘요. 그리고 20세기 말에 쓰던 골동품 휴대전화기도 찾아주세요. 내 동생인 킬고어가 그런 물건들을 수집하고 있거든요."

"당신의 목록을 지금 처리하고 있습니다." 루돌프가 보고한다. "네, 작업이 빨리 진행되고 있습니다. 3만 명 이상의 상인들과 접촉 중입니다. 가격을 비교하고 있습니다. 검색 중, 검색 중, 검색 중, 찾았습니다. 가장 조건이 좋은 상품들만 스크린에 올렸습니다. 이 서른 가지 품목 전부를 지금 당장 주문하신다면, 10% 할인과 무비워처스의 영화 한 편을 무료로 제공하겠습니다. 아, 한 가지 더 있습니다. 휴대전화기 경매가 열리는 곳을 찾았습니다. 골동품 채널입니다. 150인터크레딧으로 입찰하시겠습니까?"

"그렇게 해줘요. 하지만 가격이 200을 넘으면 안 돼요."

"169인터크레딧으로 당신에게 낙찰되었습니다." 루돌프가 몇 초 후에 알려준다. "그 물건을 산타의 가방 속에 넣겠습니다. 더 필요한 것 없습니까? 크리스마스 장식이 필요하십니까? 크리스마스 케이크는요? 칠면조 요리? 카드? 카드를 잊지 마십시오."

"맞아요, 카드를 몇 장 추가해줘요. 그리고 루돌프, 선물이 다음 목요일 오후 1시에서 3시 사이에 배달되게 해줘요. 그 시간에는 아이들이 학교에 가 있으니까. 선물 포장도 해줘요. 아, 맞아, 칠면조를 요리해서 크리스마스 날 오후 1시에 우리 집에 배달해줄 수 있어요?"

"주문 확인했습니다. 선물을 모두 포장하겠습니다. 칠면조는 당신이 원하는 대로 요리해서 정확히 오후 1시에 배달해드릴 겁니다. 다른 것이 더 필요하시면 다시 저희를 찾아주십시오. 즐거운 크리스마스와 행복한 새해를 기원합니다."

조지는 크리스마스 쇼핑을 마치고 나서 이제 무엇을 할까 생각해본다. 골프 피플 사이트에 가서 온라인 상담을 받을까? 아마추어 셰프 채널에서 요리 강습을 받을까? 어쩌면 재정 관리자와 접속해야 할지도 몰라. 아냐, 그냥 낮잠을 잘까? 사실 조지는 지금 매우 피곤하다. 올해 크리스마스 쇼핑은 정말 힘들었다. 조지는 할 일은 너무 많은데 시간이 너무 없다고 혼자 투덜거리면서 늦은 오후의 잠 속으로 빠져 들어간다.

관계우선의 법칙

끌어들이는 마케팅 Attractor Marketing

오늘날은 잠재고객과 접촉하기가 무척 힘들다. 잠재고객들은 상품설명에 예전만큼 귀를 기울이려 하지 않는다. 새로운 고객과 관계를 시작하려면 먼저 그 사람을 '끌어들일' 독특한 가치를 무료로 제공해야 한다. 이것을 '사람을 끌어들이는 마케팅'이라고 부른다.

소비재의 함정 Commodity Trap

기업이 경쟁사와 거의 똑같은 제품이나 서비스를 판매할 때 소비재의 함정에 걸린다. 즉각적인 커뮤니케이션 기술 덕분에 소비자들은 소비재의 가격을 비교할 수 있게 되었고, 이 때문에 이윤 폭이 줄어든다. 마진이 낮아지면 기업은 새로운 능력이나 독특한 가치에 투자할 자금을 충분히 확보하지 못한다. 제품우선의 법칙을 사용하는 기업들이 소비재의 함정에 빠질 가능성이 가장 크다.

기준이 되는 홍보 아이디어 Controlling Promotional Idea

기준이 되는 홍보 아이디어(CPI)는 잠재고객을 끌어들이는 강력한 홍보 개념이다. CPI는 상품 광고나 판매를 하기 전에 무료로 제공할 독특한 가치를 결정한다. CPI는 모든 마케팅 도구나 기술로부터 자유롭기 때문에, 오랫동안 무한히 확장해서 사용할 수 있다.

고객 유형 Customer-Type, CT

전략적 기업에서는 특정 고객 유형이 모든 사고의 출발점이 된다. 전략적 기업의 임무는 자신이 선택한 유형의 고객들에게 독특한 가치를 제공하는 것이다.

고객 유형 특화 Customer-Type Specialization

더 많은 잠재고객을 끌어들이기 위해, 전략적 기업은 특화된 고객 유형을 선택할 수 있다. 여성 노인 스쿠버 다이버, 세 쌍둥이의 부모 등이 특화된 고객 유형의 예다. 전략적 기업은 특화된 고객 유형을 선택해서 그들의 특별한 요구에 부응함으로써 한 차원 높은 독특한 가치를 창출해서 제공할 수 있다.

결정적인 글 Definitive Article

결정적인 글은 기업에 대한 기본적인 이야기를 담은 짤막한 문서다. 결정적인 글은 팸플릿, 웹사이트, 발표회, 광고, 소식지, 1대1 대화 등 모든 의사소통 도구에 자료로 쓰인다.

사건의 지평선 Event Horizon

사건의 지평선은 한 기업이 문턱을 넘어 테크노피아 상태로 빠져드는 시점을 가리키는 말이다. 대부분의 경우 경영자들은 때가 너무 늦어서 도저히 돌이킬 수 없는 지경이 될 때까지 자신의 기업이 사건의 지평선을 넘었다는 사실을 알지 못한다. 이러한 현상은 기업이 소프트웨어를 업그레이드할 때 흔히 발생한다. 어느 날 갑자기 기존 하드웨어가 늘어난 RAM 요구량을 감당하지 못하고, 예전 프로그램들을 더 이상 사용할 수 없게 되어 옛날 버전의 파일들을 볼 수 없게 되는 것이다.

제한요인 Limiting Factors

제한요인은 시대에 뒤떨어져 기업의 성장을 막는 모델, 전략, 시스템을 가리키는 말이다. 기업 외부에서 영향을 끼치는 세계적 현실과는 달리 제한요인은 기업이 스스로 만들어내는 것이다.

매스 마케팅 Mass Marketing

산업시대에는 대부분의 기업이 다수의 동질적인 소비자들을 대상으로 삼았다. 산업시대에는 기업이 대규모 시장에 똑같은 제품과 서비스를 제공하고, 광고(TV, 라디오, 신문, 잡지, 광고판), 전단, 광고 인쇄물 발송, 홍보 등 매스 마케팅 도구들을 이용해서 그 제품과 서비스를 홍보하는 것이 전형이었다.

1대1 마케팅 One-to-One Marketing

1대1 마케팅은 매스 마케팅의 반대 개념이다. 이 전략을 이용하는 기업들은 고객 각자의 요구에 맞는 제품과 서비스를 제공하고, 고객 및 잠재고객과 밀접한 쌍방향 관계를 맺기 위해 디지털 마케팅 기술을 이용한다. 전략적 기업은 고객들과 긴밀한 관계를 맺기 위해 1대1 마케팅 전략을 채택한다.

제품우선의 법칙 Product-First-Formula

'제품(P) × 커다란 숫자(LN) = 성공($)'으로 표시되는 제품우선의 법칙은 산업혁명의 여명기부터 대다수 기업이 채택했다. 이 법칙을 사용하는 기업은 제품을 사고의 출발점으로 삼는다. 그러나 변화의 속도가 점점 빨라지고, 경쟁이 심해지고, 즉각적인 커뮤니케이션이 가능해진 지금 이 법칙은 시대에 뒤떨어진 것이 되었다.

이윤 폭 증식기 Profit-Margin Multiplier

독특한 가치를 제공하는 전략적 기업은 더 이상 소비재의 함정으로 인한 좁은 이윤 폭 때문에 고생하지 않는다. 이렇다 할 경쟁사가 없기 때문에 전략적 기업의 마진은 더욱 커진다. 마진이 커지면 기업은 새롭고 독특한 가치의 개발에 투자할 돈을 더 많이 확보하게 되고, 새로 개발된 가치는 마진을 더욱 늘려준다.

관계우선의 법칙 Relationship-First Formula

'고객과의 긴밀한 관계(QR) × 독특한 가치(UV) = 성공($)'으로 표현되는 관계우선의 법칙은 전략적 기업이 사용하는 성공 법칙이다. 이 법칙을 사용하는 기업들은 특정 유형의 고객을 모든 사고의 출발점으로 삼고, 이 고객들에게 독특한 가치를 꾸준히, 그리고 점점 그 수준을 높여서 제공하는 것을 목표로 한다.

수익을 올리는 마케팅 Revenue Marketing

전략적 기업이 고급 마케팅 도구와 프로그램 개발에 상당한 시간, 노력, 돈을 투자했을 때, 잠재고객들이 기꺼이 돈을 지불하고 그것을 구매하는 경우가 흔하다. 이때 전략적 기업은 사실상 마케팅 프로그램을 통해 돈을 버는 셈이다. 이것을 수익을 올리는 마케팅이라고 부른다.

세분화 마케팅 Segmented Marketing

고객 각자의 독특한 요구에 초점을 맞추기 위해 많은 기업이 고객들을 작은 그룹으로 나눈다. 이 각각의 그룹은 세분시장(market segment)이라고 부른다. 이렇게 시장을 나누는 목적은 각각의 세분된 시장에 독특한 제품과 서비스를 제공하고, 세분된 홍보 프로그램을 통해 제품과 서비스를 홍보하는 것이다.

스타일 관리지침 Style Control Guide

스타일 관리지침은 전략적 기업의 그래픽 디자인 기준을 확립하기 위한 것이다. 로고, 활자체, 편집체계, 색깔 등이 모두 통일되도록 기업이 의사전달에 사용하는 모든 도구가 이 지침에 들어 있다.

기술우선의 접근방법 Technology-First Approach

기술우선의 접근방법을 채택한 기업들은 정해진 소프트웨어 프로그램과 같은 특정 기술을 출발점으로 삼아 시스템을 구축한다. 이들 기업의 성장은 기술이 지닌 한계와 기술 개발자들의 제한된 비전에 제약을 받는다. 이와는 대조적으로, 전략적 기업은 모델 시스템을 먼저 개발한 뒤 그 모델에 사용할 기술을 선택한다.

테크노피아 Technopia

테크노피아는 기술의 힘에 집착하는 기업이나 개인을 괴롭히는 질병이다. 테크노피아를 앓고 있는 기업은 특정 도구나 기술을 생각의 출발점으로 삼으며, 그 도구나 기술을 중심으로 시스템을 구축한다. 테크노피아로 인해 사람들은 자신들의 진정한 목표를 잃어버리고 복잡한 곤경에 빠져버린다.

가치 요소 Value Components

전략적 기업은 고객 한 사람 한 사람에게 독특한 가치를 제공하기 위해 모든 제품과 서비스를 가장 작은 구성요소들로 나눈다. 그래서 전략적 기업과 그 기업의 고객들은 이 가치 요소들을 조합해서 자신의 독특한 상황에 맞는 해결책을 만들어낼 수 있다. 가치 요소 덕분에 기업은 예측하지 못한 기회가 등장했을 때 재빨리 포착할 수 있게 된다.

관계우선의 법칙

관계우선의 법칙

초판 1쇄 발행 _ 2020년 10월 20일
초판 5쇄 발행 _ 2024년 4월 5일

지은이 _ 빌 비숍
옮긴이 _ 김승욱
펴낸이 _ 유경희
펴낸곳 _ 애플씨드북스
편 집 _ 디자인캠프
디자인 _ 디자인캠프
기획책임 _ 장주영
기획팀 _ 홍혜숙

출판등록 _ 2017년 11월 14일 제 2017-000131호
주 소 _ 서울특별시 송파구 법원로 127 대명벨리온 408호
전 화 _ 070-4870-3000   **팩 스** _ 02-597-4795   **이메일** _ ryu4111@nate.com
인스타그램 _ @appleseed_books

ISBN _ 979-11-969215-3-8 (13320)

책값은 뒤표지에 있습니다.

애플씨드 북스 소개
사과 속의 씨는 누구나 볼 수 있지만 씨 속의 사과는 아무나 볼 수 없습니다.
애플씨드북스는 미국 전역에 사과씨를 심으며 개척과 희망의 상징이 된 쟈니 애플씨드를 모티브로
탄생하였습니다. 책으로 세상에 선한 영향력을 심겠습니다.